Wolfgang Johannes Bekh, geboren 1925 in München, studierte Germanistik und Theaterwissenschaft. Nach Reisen durch Europa war er zunächst Schauspieler und Regisseur, ab 1961 Redakteur beim Bayerischen Rundfunk (u. a. Bairisch Herz, Bayern für Liebhaber). Seit 1965 Münchner Turmschreiber, Mitarbeiter zahlreicher Zeitungen und engagierter Heimatpfleger in München. Aus seiner Liebe zu Bayern und seiner Tradition entstanden zahlreiche Publikationen, u. a. seine Erfolgstitel »Bayerische Hellseher«, »Das dritte Weltgeschehen«, »Am Vorabend der Finsternis«, »Apollonius Guglweid« und »Herzogspitalgasse«. In der »edition monacensia« sind seine Bücher »Mühlhiasl. Der Seher des bayerischen Waldes« und »Alois Irlmaier. Der Brunnenbauer von Freilassing« erschienen.

edition monacensia
Herausgeber: Monacensia
Literaturarchiv und Bibliothek
Dr. Elisabeth Tworek

Nur da Not koan Schwung lassn

Bairische Spruchweisheit für jede Gelegenheit

Gesammelt und nacherzählt
von Wolfgang Johannes Bekh

Allitera Verlag

Dieses Buch erschien erstmals 1987 im W. Ludwig Verlag, Pfaffenhofen

Weitere Informationen über den Verlag und sein Programm unter
www.allitera.de

Bibliographische Information der Deutschen Nationalbibliothek:

Die Deutsche Nationalbibliothek verzeichnet diese Publikation
In der Deutschen Nationalbibliographie;
Detaillierte bibliographische Daten sind im Internet
über http://dnb.d-nb.de abrufbar.

2. Auflage
November 2014
Allitera Verlag
Ein Verlag der Buch&media GmbH, München
© 2009 Landeshauptstadt München/Kulturreferat
Münchner Stadtbibliothek
Monacensia Literaturarchiv und Bibliothek
Leitung: Dr. Elisabeth Tworek
und Buch&media GmbH, München
Umschlaggestaltung und Layout: Kay Fretwurst, Freienbrink
unter Verwendung von Scherenschnitten aus den Münchener Bilderbogen
Herstellung: Books on Demand GmbH, Norderstedt
Printed in Germany ISBN 978-3-86906-023-1

Inhalt

Vorwort · 7

Redensarten · 13

Der ... · 20

Vergleiche · 24

Bauernweisheit · 27

Von die Weiberleut · 32

D' Liab · 34

Vom Heiraten · 36

Vom Ehestand · 37

In der Stubn · 40

Von Kopf bis Fuß · 41

Menagerie · 42

Geld und Geiz oder Vom Diri-Dari · 47

Von der Armut (Bettelmännisch g'fahrn) · 48

Von der Arbeit · 50

Essen und Trinken Gurgl und Bauch · 52

Reden ist Silber · 54

Advokatisch · 55

D' Leut · 56

Menschliche Schwächen · 58

Lebensweisheit · 60

Vom Verstand · 63

Von der Dummheit · 64

Glück und Unglück · 66

Vom Glauben · 67

Der Teufel · 68

Vom Alter · 70

Vom Kranksein · 72

Vom Sterben und vom Tod · 73

Wiener Redensarten · 75

Böhmerwaldlerisch – Bayerwaldlerisch · 79

Auch nordbairisch ist bairisch!
(Egerland, Oberpfalz, Arzberg, Nürnberger Land) · 81

Die Weisheit auf der Gasse · 93

Allgäu und Schwaben
(Ein Abstecher ins Alemannische) · 95

Inschriften · 98

Wetterregeln · 101

Ein Gang durchs Jahr · 102

Erklärungen · 120

Benützte und weiterführende Literatur · 128

Dank · 129

Vorwort

Sprichwörter sind bei allen Völkern verbreitet und nehmen besonders in den Literaturen des frühen Orients eine bedeutende Stelle ein. Im alten Israel war es der wegen seiner Weisheit berühmte König Salomo, dem zahlreiche Aussprüche zugeschrieben werden. In ihm hat die spätere Tradition den Verfasser des »Buches der Sprichwörter« aus der Heiligen Schrift gesehen. Der wirkliche Anteil Salomos an dem schriftlich und mündlich überlieferten Material kann freilich nicht mehr festgestellt werden. Auch bei dieser wohl berühmtesten Sammlung von Sprichwörtern dürften die meisten ihre Wurzel im Volksmund haben. Sie sind kräftig und etwas derb, stellen drastische Vergleiche an, bieten alltägliche und allgemeinmenschliche Lebenserfahrungen. Hier wie in späteren Sammlungen wird der Vorteil und der materielle Nutzen der Weisheit betont, jedoch steht selbst hinter profanen Sprichwörtern eine religiöse Grundhaltung. Immer und in allen derartigen Sammlungen, auch etwa den römischen (Vergil, Ovid, Plautus, Terenz bieten die Beispiele, von denen Rabelais zehrte), ist die Sprache des Volkes bildhaft, lebt vom knappen Ausdruck. Das Tätigkeitswort gibt ihr Mark. Sprichwörter, die vom Volk geprägt werden, treffen den Nagel auf den Kopf.

Damit sind wir beim Antrieb zur vorliegenden Sammlung. Zuerst einmal vermutet man: Von dieser Sorte – »Einem geschenkten Gaul, Nur der Not, Pack deine sieben Zwetschgen« – kann es nicht allzu viele geben, die lassen sich an den Fingern herzählen. Doch sieh da, erst kommt von hier eine Information, dann von dort, meist von alten Leuten, der Zettelkasten füllt sich, die Ordner schwellen – und, sind ein paar Jahre ins Land gegangen, stellt man seufzend fest: Vollständigkeit kann es nicht geben, der Stoff ist unerschöpflich.

So füge ich denn meinem Sammelwerk altbayerischer Volksreime »Reserl mit'n Beserl« als Ergänzung ein solches mit Sprichwörtern hinzu. Und wiederum ist es das alte baiwarische Stammesgebiet, auf das ich mich bei dieser Sammlung beschränke, vom Nordbairischen mit seinem wesentlichen Träger, der Oberpfalz, über das Mittelbairische, das auf der Isar-Donau-Linie weit nach Ungarn hineinreicht, bis zum Südbairischen in den Alpen.

Von einem Buch, das einen Bayern zum Verfasser hat und in einem bayerischen Verlag erscheint, wird gern Gültigkeit für den gesamten Bereich des heutigen Staates Bayern angenommen. Daß dies im vorliegenden Fall nur bedingt zutreffen kann, erklärt sich daraus, daß eine sprachliche Homogenität, wie sie grenzüberschreitend, von viel älteren Zusammenhängen her, für Altbayern und Österreich gilt, innerhalb des heutigen Staates Bayern nicht besteht. Von Oberfanken und Mittelfranken sind also nur die Gebiete nordbairischer oder überwiegend nordbairischer Mundart (Arzberg, Wunsiedel, Markt Redwitz, Lauf, Nürnberg) einbezogen, Unterfranken mußte leider unberücksichtigt bleiben. Die Kenntnisse des Verfassers in den fränkischen Mundarten sind zu gering, als daß er dieses gewiß lohnende Unternehmen nicht Berufeneren überlassen müßte. Auch wäre das Gewicht, das auf diesen Sprachgebieten zu liegen hätte, der Einheitlichkeit und Geschlossenheit seines Buches abträglich gewesen.

Die Auswahl umfaßt also das ganze bairische Sprachgebiet, wie gesagt Altbayern mit der Oberpfalz, Österreich mit Tirol und Südtirol, das mittelbairische Süd- und Südwestböhmen, das nordbairische Westböhmen, insbesondere das Egerland, Arzberg und Randgebiete des ehemaligen bairischen Nordgaus bis zum Nürnberger Land. Im Südwesten wurde als Ausnahme und Ausblick ein Teil der ehedem vorderösterreichischen und kurbayerischen Gebiete zwischen Günzburg und Mindelheim, kurz, des heutigen bayerischen Regierungsbezirks Schwaben, besonders das Allgäu, dem in gewisser Weise Vorarlberg zuzurechnen ist, einbezogen.

Die südbairische Variante (groaß, schean, Kchind), gesprochen in Tirol und Südtirol, im Werdenfelser Land, im südlichen Rupertiwinkel und im südlichen Salzburger Land, im Süden der Steiermark und Kärntens, wird nicht ausdrücklich geschrieben, ist aber in vielen mitgeteilten Sprichwörtern enthalten.

Die Kapiteleinteilung nach Lebensbereichen, Redewendungen und Landschaften wurde der Übersichtlichkeit und Lesbarkeit des Buches zuliebe gewählt; die Übergänge sind denn auch fließend, etwa zwischen den Kapiteln »Der« und »Vergleiche«.

Nötige Erklärungen und Erläuterungen sind durch Ziffern kenntlich gemacht und an den Schluß des Buches gerückt, um den fortlaufenden Text nicht mit der Fülle des Apparates zu belasten.

Es wurde versucht, Wiederholungen so gut wie möglich zu vermeiden; daher mag die Auswahl der Sprichwörter aus manchen Landschaften fragmentarisch anmuten. Die vielen, oft nur geringfügig voneinander abweichenden, regionalen Varianten konnten allenfalls gelegentlich berücksichtigt werden. Eine von vornherein nicht angestrebte Ausdehnung auf alle Unterschiede in Wortwahl und Orthographie hätte das Buch, ohne einen Gewinn für seine Lesbarkeit zu bringen, auf den vielfachen Umfang ausgedehnt. Auch erschien es dem Verfasser mehr auf die Erhaltung des Entschwindenden anzukommen, darauf, das Material dem lebenden Leser dienstbar zu machen, als auf die minuziöse Registrierung des Toten, mehr auf die allgemeinverständliche Lektüre als auf die – sagen wir einmal – Archäologie. Keineswegs ausgeschlossen werden kann allerdings, daß einmal auch dieser Versuch, am Leben zu erhalten, was mit Lebenszeichen, wenn auch mitunter nur noch schwachen, vorgefunden wurde, in Regalen von Volkskunde-Instituten Staub ansetzen wird. Um das Fortleben dieser Spruchweisheit steht es nämlich in der heutigen, von Großtechnologie und Konsumwohlstand geprägten Arbeits- und Umwelt nicht zum besten.

Gut, wenn man Sprüche sammeln will, muß man unter den Bauern am Wirtshaustisch sitzen und seine Ohren spitzen. Beim Watten und Kegeln, beim Eisstock- und Zimmerstutzenschießen muß man aufmerken! Auf welche Weise ein Sammler der dreißiger Jahre dann in seiner Anleitung fortfährt, das weist weit in eine unwiederbringlich dahingeschwundene Vergangenheit: »Beim Ackern muß man hinter dem Pflug dreinstapfen, wenn der Bauer mit seinen Rössern spricht, beim Kleemahn, Futterschneidn und Holzschloapfa im Wald! Im Frühjahr, wenn die erste Sonne an die Stadelmauer brennt, muß man der Großmutter zulusn, wenn sie mit der Mitterdirn beim Schnoatn (Reisighakken) den Dorftratsch durchlaßt!«

Den Bauern, der *nicht* auf dem Traktor, auf dem Ungetüm des Mähdreschers oder vor dem Fernseher sitzt, der noch mit Knecht und Dirn, mit der Kinderschar und seinen Rössern oder Ochsen *redet*, gibt es nicht mehr. Den Handwerker alten Schlags, der einen Spruch an den andern reiht und sich so den Tag verkürzt, gibt es nicht mehr. Vom Automobilarbeiter am Fließband, vom Atomkraftwerk-Operator sind Spruchweisheiten, wie wir sie gesammelt haben, kaum zu erwarten, mundartliche schon gar nicht. Das gilt auch von einer mobilen (auto-mobilen) Jugend, die mehr Blutopfer auf dem Straßen-Asphalt bringt als die Generation ihrer Großväter an den Fronten des Zweiten Weltkriegs. (Diese Behauptung ist zu beweisen: Aus einem Dörflein unweit der Heimat des Verfassers von ganzen hundertfünfzig Seelen fällt alljährlich ein Achtzehnjähriger dem Straßentod zum Opfer. Auf die Gemeinde umgerechnet, ist es ein Blutzoll, der, wollte man ihn in Stein meißeln, die Kolonnen der Kriegerdenkmäler an Länge übertreffen würde.) In solcher Welt gedeiht keine Lebensweisheit; hier ist der Tod, den man früher als Opfer an die Freiheit seiner Heimat verstanden hatte, sinnlos, er ist folgerichtig höchstens als Opfer an einen Gott, der »Bruttosozialprodukt«, »Wachstum« oder »Arbeitsplatz« heißen könnte. In dieser Welt gibt es keine Lebensweisheiten, sagte zu mir einmal der alte Paul Fraunberger, dem ich so viele der hier gesammelten Sprüche verdanke: In dieser Welt redet man in Kürzeln miteinander, meistens in amerikanischen, in der Sprache der Fernsehreporter und Discjockeys.

Wie das Gedicht, der Reim, der Kettenreim, der Kinderreim des Volkes die Urform der Dichtung, der Lyrik, der Ode ist, so ist die Spruchweisheit des Volkes, die »Weisheit auf der Gasse« (Johann Michael Sailer), die Urform des Aphorismus, das Vorbild eines Friedrich von Logau und Abraham a Sancta Clara. Auch im Sprichwort bedient sich das Volk häufig des Reims, er macht die Weisheiten wiederholbar, sie prägen sich mit seiner Hilfe besser ein und gehen dem Hörer leichter ins Ohr. Des Reims bedient sich der Bauer am häufigsten bei der sogenannten Wetterregel. Wetterregeln machen es besonders deutlich, daß die meisten sprichwörtlichen Wahrheiten dem alten Jahr der Agrargesellschaft entstammen (einer Zeit, in der auch der Stadtbürger durchaus behäbig-sparsam lebte und dem Landmenschen keine neiderregenden Annehmlichkeiten voraus hatte). Diese Lebensweisheiten entstammen einer Gesellschaft, in der die Hand Sichel und Sense führte, in der die zuständigen Heiligen etwas galten – und zugleich Orientierung im Jahresablauf waren. Die Wechselbeziehung zwischen Acker und Altar wird auch bei den Zeitangaben der Wetterregeln deutlich. Wenn es heißt: »Wie's Matthäus treibt, es vier Wochen bleibt«, sind diese vier Wochen als durchaus biblische Mengenangabe zu verstehen: Vier Tage, vier Wochen, vier Monate, vierzig Tage ... Solche Zahlen sind nicht wörtlich zu nehmen, sondern stellvertretend für einen längeren Zeitraum. *Ganz* wörtlich zu nehmen ist dagegen der Tag des Heiligen. Der Heilige (meist der Todestag eines christlichen Martyrers) ist im keltischen, römischen, zuletzt bajuwarischen Terrain, dem heute grob gesagt Österreich und Bayern entsprechen: Zeitangabe. Das wußten die vatikanischen Liturgiereformer der sechziger Jahre nicht; sie änderten die Termine der Heiligenfeste und setzten damit einen immer noch lebendigen Teilbereich der Volksweisheit, den Bauernkalender, außer Kraft. Die hier ausgewählten alten Wetterregeln deuten in ihrer stark der Schriftsprache genäherten Aussage einerseits darauf hin, daß sie ihre endgültige Ausformung erst im späten 18. und frühen 19. Jahrhundert erfuhren, zum anderen, daß sie nicht mündlich, sondern schriftlich, nämlich in Kalendern, tradiert wurden.

Ein Wort noch zur Schreibung: Da kein Buch, auch das vorliegende nicht, auf den schönsten Erfolg, nämlich »mit Freuden gelesen zu werden«, verzichten kann, wurde (ohne daraus ein Gesetz zu machen) die Schreibweise so behutsam wie möglich, dennoch vermutlich mehr als es manchem neueren Mundartdichter lieb ist, dem Schriftdeutschen angenähert. Nicht immer ist ja das eigene Gehör ein guter Ratgeber für die Rechtschreibung. Und Schmellers Lautschrift ist oft nur für den Philologen verständlich.

»Spruchweisheiten heitern auf und ermuntern, weiterzumachen, auch wenn es einmal hart kommt. Sie geben Mut und Hoffnung«, sagte Seff Heil gelegentlich. Mut und Hoffnung zu geben, das war auch meine Absicht, trotz allem und jedem. Ich wünsche diesem Buch den Weg zurück ins Volk, aus dem es kam.

Wolfgang Johannes Bekh

Redensarten

Nur da Not koan Schwung lassn![1]
Daß d'arme Seel a Ruah hat!
Iatz pack deine siebm Zwetschgn zamm.
A jeds tragt sei Packl.
Mit Putz und Stingl.
Tanzn wia da Lump am Stecka.
Schmecks, Kropfata.[2]
Auf geht's bein Schichtl![3]
De Gschicht werdn ma scho deixln.[4]
Gib obacht, sunst fallt glei da Watschnbaum um!
Gscheida waar's gwen, es hätt di der Bischof mit'n Ochsnfiesl gfirmt!
Mach mir meine Gäul net scheuch.
Laß mir mein Fried.
Halt's mi zruck, sonst geht da gaach Wind!
Dann geht an anderner Wind![5]
Des halt ja der stärkst Mo net aus!
Jetzt werds hint höher wia vorn!
Des geht in koan altn Huat!
Guat Nacht, schöne Bäuerin!
Bluadiger Hennadreck!
Daß der Welt ungleich is!
Daß der Sau graust!

Daß d' Schwartn kracht!
Daß D' moanst, aus is!
Na is' aus und Amen!
Aus und Absterbens Amen!
Sei tuats was!
O mei, o mei!
Eahm schaug o!
Mach koa Mettn!
Net ums Verrecka.
Pfiffkaas!
Bis' amal schnagglt.
Mittendrin schnagglts.
I mach net an Dreck sein Dreck.
I bin aa net auf da Brennsuppn dahergschwumma.
Di, wann i net hätt und des rogga Brout, na müassat i lauter woazas essn.
Fahr ab, Griseldis, am Fensterbrettl liegt a Groschn!
Finger von der Buttn, san Weinbeerl drin![6]
Wennst mit mir essen willst, muaßt an großen Löffl habn.
Red oder scheiß Buachstabn, dann setz i mir's z'samm.
Tua koane solchan Nägel aberreißen!
Wenn der Wenn net waar, waar der Küahdreck a Schmalz.
Du muaßt a Hafner werdn, du verstehst was vom Dreck.
Entweder hast jetzt du an Dreck in de Augn, oder i bin blind.
An Scheißkerl kannst mit'n Dreck martern und mit da Pelzhaubn umadumschlagn.
Jetzt hab i an Dreck im Schachterl.
Man kon nix voredn wia's Nasnabbeißn, und des is net gwiß.

Ja, wenn der Hund net gschissn hätt, hätt er an Hasn gfangt.

Vui G'schroa und weni Oar.

Jetzt taat er si o'wandln.

Jetzt kon er mitn Ofarohr ins Gebirg schaugn.

Wer'n gsehng hat, muaß'n kennt habn.

Mit den is net guat Kersch essn.[7]

Dann is eahm da Doag ausganga.

Des hat er los, wia da Bock as Stößn.

Mir waar gholfa und dir aa!

Mehra Gstank wia Dank!

Folgts mein Rat und doats, was mögts.

Vier Bauernhöf hab i verputzt und koan Maurer net braucht.

Hiatzt habn wir halt no drei schlechte Jahr, aber nachat is de guat Zeit vorbei.

I hob g'moant, do haust a Noglschmied, weil so viel Köpf bein Fenster rausschaun.

Mir ham den neuen Herrgott no als Birnbaum kennt.

Den Weg hat der Fuchs gmessn, wia eahm da Hund nach is.

Heut hab i scho an Schneider g'macht![8]

Wia's oan halt aufgsetzt ist.

Dreckert macht speckert, und gschlampert macht wampert.

Gutn Morgn, gutn Heut – kemma zwoa guate Täg zsamm.

Auf, Leutl, da Tag brennt!

Halbert herrisch – halbert bäurisch,
halbert leinern – halbert schweinern.

Lüagn, daß' grad a so staubt.

Lüagn, daß da Staab aufgeht.

Net Gick und net Gack.

Nix Gwiss' woaß ma net.

Nur net auslassn!

Laß nur net luck!

Mach koane Taanz!

Nix für unguat!

Es hängt net allwei auf oaner Seitn.

Wer ko, der ko!

Wer ko, der ko, und wer net ko, der mecht aa.

Was ma hat, hat ma.

Bin scho da bein Dasein!

Des deut auf nix Guats.

Da helf i koan – da is da Kessel so ruaßig wie d'Pfann![9]

O mei, mi hams ghaut!

Jetzt san mir in der Schußgassn!

Jetzt gehts mitn Arsch auf Grundeis.

Mir san mir und schreibn uns uns.

Hurrax dax, packs bei der Hax.

Da kunnt ma damit d' Säu fuattern.

Da kunnst damit d' Isar gschwelln.

Da kennt si koa Sau aus.

Da beißt d' Maus koan Fadn ab.

Da geht iatz an anderner Wind![10]

Da konnst as Kraut ausschüttn![11]

Da gibts koane Würschtl!

Da werst koa Ehr aufhebn.

Da hat da Zimmamo 's Loch gmacht![12]

Da gehts naus bein Templ![13]

Da muaßt alls auf d' Waag legn.¹⁴

Da kimmt d' Soß teura wia da Bratn.¹⁵

Da mag i net d' Hand umkehrn.¹⁶

Da hat's Kaibl Leis.¹⁷

Da gehn no vui Hasn zu a andan Staudn.¹⁸

Da gehn no vui Wind.

Da möcht ja oana glei sauer werdn in da süaßn Brüah.¹⁹

Da möchst ja glei an Huat neisteign.²⁰

Da bleibt eahm da Schnabi sauber!

Da hat der Hund 's Maß verzogn.

Da fehlts ums Arschlecka.

Den hob i auf der Lattn.

Den wer i was huastn!

Den kälbert da Geldbeutl auf da Ofabank.

Den trag's Maul aa weiter als eahm vier schwaare Roß ziagn kanntn.²¹

Den hat's von Boa weg.

Den is a Ochs ins Gsicht nei tretn.²²

Bei den is Chrisam und Tauf valorn.²³

Bei den is Hopfn und Malz valorn.²⁴

Den hat ma 's Kapitel oder d' Levitn glesn.²⁵

Bei den hat der Schaur gschlagn.²⁶

Den führt do da Deixl üwarall hin.²⁷

Den hams mit der Brotrindn aus'n Urwald rausg'lockt.

Den hams in der Markttaschn über d' Grenz g'schmuggelt.

Den mach i scho no katholisch.²⁸

Den habms auf d' Hoarn gnomma.²⁹

Den zoag i's, wo da Barthl an Most holt!

Den hau i auf d' Goschn, daß er vierzehn Tag koa Suppn mehr blasn ko.

Des is a gmaahts Wiesl für den.

Des is für den a gfundns Fressn.

Des macht's Kraut aa nimma fett.[30]

Des is ghupft wia g'sprunga.[31]

Des ist net aus da Küahwoad.[32]

Des geht auf koa Kuahhaut!

Des konnst glaubn oder net, und wenn's net stimmt, dann bist selber schuld.

Des is no vo da siebntn Suppn a Schnittl.[33]

Des is des fümfte Rad am Wagn.[34]

Des is grad a so als wenn a Ochs in Kalender schaugt.

Des geht ja üwa d' Huatschnur.

Des is scho lang boarisch.[35]

Des is so a Quecksilba.[36]

So gengan de Gáng![37]

Mir gángst!

Da hast ebbs aufgabelt![38]

Der kimmt ma ins Gäu!

Des is de reinste Heigeign.[39]

Des is a narrata Kampl.[40]

Des is a ganz a Lutharischa.[41]

Des is a bsundana Heiliga.[42]

Des is an alta Mühlsack.[43]

Des is a so a Schmalzabrotreda.[44]

Des kimmt ma spanisch vür.[45]

Des werd an de grouß Glockn ghängt.[46]

Des is net da Red wert.

Habm, vorscht 'n hängscht.[47]

Habn, sagn d' Schwabn.

Der ...

Der hat si a schiache Suppm einbrockt.[48]

Der muaß iatza alls auslöffln.[49]

Der is net amol an Batzn wert. [50]

Der kennt si aus wia der Fuchs im Hehnerstall.

Der geht wia da Hund auf Kirta.[51]

Der verklagt an Teifi bei seiner Muatta.[52]

Der hat an Kopf wiara Ochs.[53]

Der is 's Nixtoa gwöhnt, wia der Bock as Stinka.

Der kannt als Liniburger Maschkera geh, da fehlt bloß no 's Silberpapierl.

Der konn nix liegn sehng, als wia si selber in da Bettstatt.

Der redt oan a Loch in Bauch.

Der is guat um an Tod schicka.[54]

Der fallt um a Fünferl vom Dach abher.[55]

Der geht in Keller, wann er lacha will.[56]

Der stellt si wia a Kuah zum Scheißen.

Der hat lauter Dama.[57]

Der hat wieder aufs Drodenka vergessn.

Der hat auf Dummheit studiert.

Der is von der dumma Seitn.

Der is zweng da Höflichkeit no nia gstraft worn.

Der gibt o, daß d' moanst, da groß Hund waar sei Göd.

Der is net ungrupft davokemma.

Der hat si aba brennt.⁵⁸

Der is wia da Schoaß a da Reita.⁵⁹

Der is wia 's Weda.⁶⁰

Der tuat gern naß fuattern.

Der is a bsuffas Wagscheitl.

Der is a Hackstock!⁶¹

Der is aufn Holzweg.⁶²

Der möcht auf all zwoa Achsln Wassa tragn.⁶³

Der is mit alle Wassa gwaschn.⁶⁴

Der hat d' Gscheitheit mitn Löffl gfressn.

Der is a Siebngscheita.⁶⁵

Der kunnt ma gstohln werdn.⁶⁶

Der schiaglt wiara Henn bein Rührmillisauffa.

Der hat an Vogl samt da Steign gfressn.

Der hat aa nix wia Läus und Flöh und de gehngan auf Kruckan.

Der is so schlecht, wiaran Pfarrer sei Ohrwaschl nach der Osterbeicht.

Der wenn net waar und der Kampe, na müaßat ma d'Läus mitn Strick fanga.

Der zaamt aa 's Roß bein Schwoaf auf.

Der is einganga mit sein Dachskopf.⁶⁷

Der kimmt no aufn Hund.⁶⁸

Der hat si Leis an Pelz gsetzt.⁶⁹

Der hat bald odroschn.⁷⁰

Der ißt aa koan Zentn Salz mehr.⁷¹

Der ziacht daher wia d' Katz mit de Katzln.⁷²

Der frißt, daß eahm da Baaz abherrinnt.

Der hats Fluacha glernt wias Betn.

Der hat an Pick auf mi.

Der rennt wia a gstutzter Hund.

Der rennt grad aso, daß eahm da Frack sein Arsch net vawetzt.[73]

Der lüagt mehrer wia eahm seine Zähn weh tuan kaanntn.[74]

Der kann si d' Finga leckn bis zum Ellabogn.[75]

Der derf grad Haferl sagn, na is d' Wurst scho drin.

Der macht dir a Faust in seina Taschn.[76]

Der is siebn Jahr bein Lacklbauern z' Lackdorf in d' Lehr ganga und hat d' Oberlacklprüfung gmacht.[77]

Der hat si d' Hoarn scho ogsteßn.[78]

Der is koan Schuß Pulver wert.[79]

Der is so gscheit, wia an Herrgott sei Roß, und des is an Esl gwen.

Der hats los, wia da Bock as Stinka.

Der reißt der Welt aa koan Haxn aus.

Der moant, er ko Mauern fressn und Ziaglstoa speibn.

Der fürcht 's Wasser, wia da Teifi an Weichbrunn.

Der hat schnella a Lüag als wiara Maus a Loch.

Der schaugt aus, wia wenn eahm d' Henna 's Brot verzogn (weggfressn) hättn.

Der steht da wia da Ochs am Berg.

Der hat a Nasn wia a Bodnschmecka.[80]

Der muaß scho wieda a d' Mühl fahrn.[81]

Der ist net auf da Brennsuppn dahergschwumma.[82]

Der redt vül, bal da Tag lang is.[83]

Der hörts Gras wachsn.

Der is mit alle Wasser gwaschn.

Der werd übern Schellnkini globt.

Der hat si a schöne Suppn einbrockt.

Der ist so dumm wia d' Nacht finsta.

Der laßt alle fünfe grad sei.[84]

Der hat mehra Glück wia Verstand.

Der laßt unsern Herrgott an guatn Mo sei.

Der is aufs Geld aus wia der Teifi auf die arm Seel.

Der hat a Mäui wia a Scharnschleifa.[85]

Der schaugt aus wia a gspiebns Apfelmuas.

Der hat ma scho 's Kraut ausgschütt.

Der is so narrisch wiara Pipgockl.[86]

Der steigt wia da Gockl am Mist.

Vergleiche

Der steigt daher, wia da Hahn an Werch.[87]
Der schaugt wia neun Tag Regnwetta.[88]
Der is wias Fahnl aufn Dach.[89]
Der schimpft wiara Roahrspatz.[90]
Der stiehlt wiara Dachla.[91]
Der schreit, als wanns brinnat.
Der ißt wiara Drescha.[92]
Der sauft wiara Bürschtnbinda.[93]
Der lügt wia druckt.
Der steht da wia da Ochs am Berg oder wia 's Kind vorn Dreck.[94]
Der hat Schuldn wiara Stabstrompeter.[95]
Der kimmt daher wia da Stier an Schnee brunzt.[96]
Der bringt alls daher wia Kraut und Ruabm.[97]
Der redt daher wiara Mo ohne Kopf.[98]
Der lebt wia Gott in Frankreich.[99]
Der reißt koan Baam net aus.[100]
Der is so lang wie der Tag um Sunnawend.
Der is länga wia da Sanktjohannstag.[101]
Der is länga wia d' Neuhausastraß.[102]
Der schaut mi an wia da Hund d' Zuberstang![103]
Der schaut aus wiaran Toud vo Öding sei Gschäftsreisender.[104]
Der speibt wiara Roaga.[105]
Der zahnt wiara Holzfuchs.[106]

Der is wia da umgehad Schuasta.[107]
Der tuat umanand wiara Henn, wo an Zipf hat.[108]
De geht ausanander wiara zrissne Heukürbn.[109]
De kimmt daher wiara Brentn.[110]
De findt schnella an Ausred wiara Maus a Loch.
De is auf und auf gleich wiara vordere Hundspratz.
De is bucklat wiara Kraxenwei'.
Dö raafn wia zwoa Bibagöckl.[111]
Da gehts eina wia an Rentamt.[112]
Da gehts zua wia an Daubmschlag.[113]
Du arwatst aa wia da Käfer im Roßmist!
Du bist wia a Kaminkehrer, du kehrst da, wo's di net beißt.
Den beitits umanand wia an Hund voll Flöh.
Belln wiara Schloßhund.
Arm wira Kirchamaus.
A Gsicht wiara verbrennte Wanzn.
A Gsicht als wann a Kuah nei'tretn waar.[114]
A Mäui wiara Backofaloch und wiara Schwert.
Heuln wiara Schloßhund.
Der liegt da wiara prellter Protz.
A Nasn wiara Wetzstoa.
Wadl wiara verheirater Spatz.
So dürr wiara ausgnackelte Gottsackerstiagn.
Ausschaugn wia d' Henna untern Schwoaf.
Stinka wia da Bock um Bartlmä.
Stinka wiara kropfata Uhu.
A Nasn wiara Schnapsbuttejlln.

Luser wia roggerne Küachl.[115]

An Foz wiara Aufstellkaibi.[116]

Aufpassn wiara Haftlmacha.[117]

Naß wiara taafte Maus.

Augn macha wiara Pfluagradl.

Fluacha wiara Fuhrknecht.

Ausschaugn wia de teuer Zeit.

Ausschaugn wia da Toud von Öding.[118]

Da schaugts aus wiar in a Räuberhöhln.

Grona wiara Kettenhund.

Hurn wiara Stoaesel.

Schnaufa wiara dampfigs Roß.

Umanand schleicha wiara tragerte Katz.

Zittern wiara nasser Hund.

Friern wiara nacketer Schullehrer.

Daliegn wiara dreckate Wurscht.

Daliegn wiara Packl Hundsfressn.

Stiefi wiara Kanalrama.

A Löffi wiara Odlschapfa.[119]

Da fehlts (feits) glei um an Bauernschuah.[120]

Da feits um an Kaiwistrick![121]

A Hund, so groß wiara Kaiwi.

Erdbeer, so groß wia Roßzecha.

Da sein wiara Brezn.

Pfannakucha wia Abtrittdeckl.

Rot wia d' Feiertag im Kalender.

Bauernweisheit

Wer net ofangt, braucht net aufhörn.

Net gschossn is aa gfehlt.

De guatn Gedankn und de hinkerten Roß kemma allwei hintnach.

A Schubkarrn und a Dummheit laufn allwei vorndo.

Wer an Bauern schindn will, muaß an andern Bauern z'leicha nehma.

Der wo koan Knecht net hat, dem bleibt koa Dirn.

Knecht und Dirn san a halberte Ehr.

Frag net lang, wo d'Katz schlaft, wanns deine Mäus fangt.[122]

A Schand wascht aa koa Weihwasser net weg.

Wer koa Ehr hat, hat d' Schand gspart.

Der Hof in de rechtn Händ, das is as beste Testament.

A guater Willn braucht koa Brilln.

Wer lang schlaft, schont sei Gwand.

Wer si d' Sunna einfanga will, muaß am Bettzipfl zeiti davonrenna.

A Bettzipfi is warm, er hat tausend Arm.

Kinder und d' Fackln ham allwei laare Sackln.[123]

A gwunschns Korn gibt koa Mehl.

Hint und vorn – wiara Hemad kann ma net gleichzeitig sein.

Ma ko net üwarall sei, hint und vorn, wia's Pfoad.[124]

Was ma net aufhaltn konn, muaß ma laufn lassn.

Trau koan, der über an andern was Schlechts sagt – wann er von dir weggageht, redt er über di aa nix Guats.

Viele genga mitn Kreuz, aber koana möcht's tragen.

Nach der Tauf will a jeder Göd sei.

Es is schö, wann oana alles hat, was er wünscht, es is aber aa schön, wann oana net mehr wünscht, wiara hat.

Es gibt nix Längers wiara hinters Heiseil und nix Kürzers wiar an guatn Vorsatz.[125]

D' Welt geht z'grund, wann Samt und Seide in Stall genga.[126]

Wenn der Diener reich werd und der Herr ganz arm, nacha taugt koana was.

Wichtige Ämter soll ma Leut gebn, net de Leut Ämter.

Wenn der Bauer lacht, muaßt obacht gebn.

Wenn der Bauer a Henna schlacht, is entweder d' Henn oder der Bauer krank.

Wenn ma drei Bauern unter an Huat bringa will, muaß ma erscht zwoa totschlagn.

Wo koa Mistwagn hinfahrt, da braucht ma koan Arntwagn.

Wo d' Odlfuhr net hinfahrt, da fahrt d' Ernt koan Wagn her.

Net des is a Narr, der wo oan was zuamuat', der is oaner, der's tuat.

Was ma am Feiertag vertuat, muaß ma am Werktag büaßn.

Wennst amoi auf da Goaß reitst, kimmst so schnell nimma owa![127]

Oa Bua hüt' d' Goaß leicht, zwe(n) schwaar – und drei gar net.

D' Welt is aa net viel runder als wiara Mistgabl.

Wer Oar ham will, muaß si's Gackern gfalln lassn.

Wer an Oa zum Fenster außischmeißt, braucht's nimmer aufklaubn.

Um an Dreeck handlt ma net.

Da Hoffart taugt a jeda Spiagl – und waar 's a Mistlacka.

Wia mehr ma im Dreck rührt, wia mehr stinkt er.

D' G'wohnheit löscht a jeds Feuer.

D' Gwöhnat is an eisas Hemad.[128]

Der nächst vom Blut, der erst am Gut.

Nixn is harber als wiar auf an Ast hockn und wartn müassn bis a dürr is.[129]

Übagebn – nimma lebn.

Viel Brüader – schmale Güater.

D' Kinder und d' Deppen schaugn a fremds Brot für an Zucker an.

An Bsoffenen muaß sogar a Fuada Hei ausn Weg geh!

Da machst wos mit, bis d' dein Metzn Gejd beinanda host!

Da Hopf is a Tropf!

Da Hopfa mächt olle Tag sein' Herrn sehng! *(Aus der Hallertau)*

Wann a Laus aar an Taler kost' – und i brauchs selm, kann i s' net hergebn.

A tots Wei(b) tragt weg, a tote Sau tragt zua.

A langsamige Sau dawischt seltn an warma Dreck.[130]

Selba 'tan und selba gmacht, is de schönste Bauerntracht.

Dös gscholtn Kraut muß gfressn werdn.[131]

Es ist net lauta War, da is ja Kraxn aa dabei.[132]

Summakorn und Goaßnmist lassn an Bauern wiara ist.

Spinna und Besn san Feind und sans gwesn.

So lang ma orglt, is d' Kirch net aus.[133]

Zu vui Guatheit is a Trumm vo da Liadalikeit.[134]

Auf d' Weitn is schlecht streitn.

Es hängt net allwei auf oan Seitn.[135]

Da Guatgnua und da Gmoadepp wohna in oan Häusl zsamm.

D' Schmiedroß und d' Schuastaweiber müassn am meistn barfuaß geh.[136]

D' Herrngunst kost Geld – und d' Knechtgunst kriagst aa net umsunst.

Meistens tuats Aufsteh weha wia's Hinfalln.

Scheiß Paris, London is größa.[137]

Was z'gaach herwachst, werd net alt.[138]

Was ma net woaß, des macht oan net hoaß.[139]

D' Wagnradl und d' Obrigkeitn muaß ma schmiern, nacha schrein s' oam net übern Weg.

De bratna Daubm fliagn oan nindascht as Maul.[140]

Gwogn und gmessn is schnell gfressn.[141]

Des Best is' Fleisch am Boa und 's Gras am Roa.[142]

Wann d' Bäurin an Kopf aufsetzt, setzt da Bauer an Huat auf.

Vui Vetta, vui Sauschwanz.[143]

D' nah Vawandtschaft sollt weita weg sei(n) als wia d' Äcker.

Ma mirkts glei, wann oana als Junger a schlechte Milli gsuffn hat.[144]

In an laaren Stadl kimmt koa Maus.

Wer sein' Acker pflegt, den pflegt der Acker.

De frühen Weder und de frühen Bettelleut, de kemman am Tag zwoamoi![145]

A Bauer, der net ackert und a Henna, de net gackert – furzn net lang auf'n Hof.

Wer 's Feia im Backofa oblasn wui, braucht a groß' Maul.

Gegn a Fuada Mist is schwaar o'stinka.

Hoch maahn, nieda dreschn und in weni Zeit a langs Gsoott schneidn, des mögn ma![146]

Wann da Bauer net muaß, ruhn eahm Hand und Fuaß.

Die alten Bräuch und die alten Zäun gehn allsam ein.

Aus an Spottmaul kimmt a Spottred – und a Ehrnleut, des achts net.

Wo a Hasl, da a Grasl.[147]

D' Burgermoaster von drei Gmoan san vor'n Zsammahockn no allweil gscheita gwen als wia hintnache.

Wia ma si bett', so liegt ma.[148]

D' Altn ehr,
d' Junga lehr,
an Gscheitn frag,
an Narrn vatrag.

Von die Weiberleut

Zwoa Ding regiern die Welt, d' Weiber und 's Geld.

A jeds Dirndl auf Erdn mag a Weiberts gern werdn.

De hat 's Lachn und 's Woana in oan Sackl beinand.[149]

De wann a Stanga im Arsch hätt, schlagert s' de Leut d' Fenster ei.[150]

Stiefmutter und Schwiegermutter, vom Teiflsrock 's Unterfutter.

Wo der Teifi net hin mag, schickt er an alts Wei.

A Weiberts findt schneller an Ausred als wiara Maus a Loch.

In a bees' Wei schlagt ma eher siem Teifi nei ois oan raus.

Schöne Haferln gebn schöne Scherbn.[151]

Des is schon an alte Sach: d' Tochta grat' da Muatta nach.

Zu an schöna Wei braucht ma mehra wia zwoa Augn.

Weiberschönheit und a Regnbogn vergenga bald.

A jede Kuah is amal a Kalbl gwen.

Junge Madl und Oar soll ma net z' lang aufhebn.

D' altn Weiber und d' gußeisern Ofan san an ewigs Werk.

D' Weiber ham a G'woit wia a Schiaßpulva.

De hat Holz bei da Hüttn.[152]

Wenn d' Hehna krahn und d' Hahna net, san d' Weiba Herr und d' Manna net.

Wo a Kathl im Haus is, braucht ma auf zwanzg Häusa koa Zeitung.[153]

Es ist niemand so geschickt, daß er nicht wird von einem Weib berückt.

Zwoa Weiber in oan Haus – a Graus,

Drei Weiba gebn an Kirta, viere an Jahrmarkt.

Weiberhaar is stärker wiara Roßkettn.

Die Pferde leitet man mit einem Zügel, die Männer mit einem Frauenhaar.

De hebt an Ehr auf wiara Lous mit an Fackl.[154]

Beim Stier von vorn, beim Esel von hint, und bei de Weiber muaßt di von alle Seitn hüten.

Im Alterangebn san d' Weiberleut wia d' Sauhandler am Roßmarkt.

A Muatta braucht zwanzg Jahr, bis' aus an Buam a Mannsbild macht, nacha kummt a Deandl daher und macht in zwanzg Minuten an Narrn aus eahm.

D' Liab

A Jungfrau, de net stolpert, und a Rooß, des net holpert, derf ma suacha und weit gehn.

D' Jungfern san so schütta gsaat, weils s' da Nachtwind leicht vawaht.

Dir gib i koan Strohsack a', sagt's Dirndl zun Kundtn.

Es schlaft net alls, was im Bett liegt.

Im Dunkln is guat hinlanga, aba schlecht Flohfanga.

Solang man's Schweinerne pfundweis kriagt, kauft ma koa ganze Sau.

's Jungfernmoos muaß greasafti gstochn wem, net erst, wann's grautrockn is.

D' Unschuld und Treu san schwaarer wia Blei.

A ganz große Kältn und a ganz große Liab, de schleicha si sockert und gaach wiara Diab.

Des is a Gfrett – a Weib und koa Bett.

An Tag lobt ma auf d' Nacht, a scheens Weib in da Friah.

Hohe Feuer und gache Liab schlagn schnell um.

A vorjaahriga Schnee und a vawichene Liab – san schnell vagessn.

Laß die Katzen renna, der Kater derwischt s' ja doch.

An andra Brauch – an andra Bauch.[155]

D' Liab is aa nur so lang süaß, bis ihr wachsn Händ und Füaß.

Zuerst fliagn die Mannsbilder alle aufn roten Klee, und z'letzt bleiben s' an an Gansbleamerl hänga.

D' Hosntürlsteuer übalebt d' allaschönst Liab.[156]

Der letzt hat no lang net gschobn.[157]

An dera ihr'n Gfrieß ham si schon neun Hund z' Tod 'bellt.[158]

Wer nur aus Liab heirat, hat guate Nächt und oft harte Täg.

A Heutiga nöt' koa Gestrige.

D' Liab macht blind, und erst nach der Hochzeit genga oan d' Augn auf.

Vom Heiraten

Von der Liab alloa werd koa Stubn net warm.

Zum Heiratn ghört mehr als wia vier nackerte Knia im Bett.

A Wei zun Heiratn muaß ma mit de Ohrwaschl suacha, net mit de Augn.

Wer nix derheirat und nix irbt, der bleibt a Narr, bis daß er stirbt.

Der hätt mir aa mehra Holz auf'n Buckl als wia Brot auf'n Tisch glegt.[159]

Wenn ma heirat und wenn ma stirbt, muaß ma d' Leit redn lassn.

Wer g'lobt wern will, muß sterben, wer ausg'richt wern will, muaß heiraten.

Wer koa Wei(b) hat – kann leicht lacha.

Weiber san leichta z' habn wia Bauernhöf.

Man soll net rupfen, wo koane Federn, und net heiratn, wo koa Geld dahoam is.

Vaheirat deine Buama, wannst magst – und deine Dirndl, wannst kannst.

All's, was ma si daheirat, braucht ma si net daarwatn.

Stolze Dirndln – schlampate Weiba.

Guat ghenkt is besser wia schlecht verheirat'!

Heiratn is net Kappn tauscht.[160]

Wer über 's eigne Wei(b) klagt, beißt si selm ins Maul.

Vom Ehestand

Jetzt ko ma untern Regenschirm neiheiratn, früher hat ma a Haus habn müassn.

»O« ist stark, halt Roß und Wagen auf.
»E« ist stärker, halt Mann und Weib zusammen.

Mit de Fraun is' wia mit'n Geld, ma leiht s' net aus.

A fleißige Frau is tausad Taler wert.

A häuslichs Weib is de best Sparbüchsn.

Wo a guate Frau wirtschaft', wachst der Speck am Balken.

Fünf K sind es, die eine Frau beschäftigen: Kinder, Küche, Keller, Kammer und Kleider.

Wo ein tüchtiges Weib fehlt, hat das Haus keinen festen Grund.

Wo koa Kind, is d' Eh' blind.

Heirat a Kuah, na kriagst aa Kaibi.

Viel Kinda vom Himmi, kriagt 's Brot koan Schimmi.

Speibade Kinda – bleibade Kinda.

Wann oa Kind as ander wiagt, 's dritt no an da Duttn liegt und 's viert is aa scho untawegn – na redn d' Leut glei von an Segn.

A Vater ko zehn Kinder danährn, aber zehn Kinder koan Vatern.

In der Eh' geht ma de guatn Tag auf d' Leich.

Der Eh'stand is a Prozession, wo 's Kreuz voran tragn werd.

Je schöner a Wei(b), desto schlechter d' Schüssl.

A schiache Frau is a guate Hauserin.

Wo die Frau im Haus regiert, is der Teifi Hausknecht.

Reiche Weiber macha arme Kinder.

A fleißige Muatter hat faule Kinder.

A bös' Wei kriagt allwei zwoa Brocka.

Mit de Menscha lachn, is koa Kunst – aba mit'n eigna Wei(b).

's Bett macht alls wieder wett.

Mann und Weib san oa Leib.

A stehats Holz und a liegerts Wei ko ma net durchdrucka.

Weiber und Flöh san schwaar zum Hüatn.

Es gibt nur oa bös' Wei auf der Welt, aber jeder moant, er hot diesell.

Mit drei Sachn haust sich's schlecht: Mit an bösn Nachbarn, an bösn Wei und an rinnatn Dach.

Böse Weiba und an o'gstandns Bier, da Herr bewahr mi dafür.

Solang wia d' Suppn auf'n Tisch kocht, derf 's Wei(b) sein Mo schlagn.

Des san schlechte Ehen, wo er blöd is und sie merkts.

Schaugt da Woaz übers Korn, is d' Eh' scho valorn.[161]

Der Unterschied zwischen Bein- und Ehebruch:
Bein erstn schreit oaner alloa, bein zwoatn glei de ganz Gmoa!

Net jeder, der Hörner tragt, is a Jaaga.

Liaba an Teifi wiara bös' Wei; denn an Teifi ko ma wenigstens mit'n Kreiz votreibn.

Wenn 's Wei nix taugt, is da Schauer im Haus. A solchane trogt im Fürta mehra aus'n Haus, wia da Mo mit'n Heiwagn zuawafahrn ko.

D' Weiber san wia d' Roß : Je schwaarer daß' ziahgn müaßn, um so leichter san s' zum Zügeln.

Bei de junga Weiber is guat liegn und mit de altn guat lüagn.

An alte Goaß schleckt aa no gern a bißerl Salz.

Weibersterbn is koa Verderbn, aber 's Roßverrecka, des kon oan schrecka.

Wann der Herrgott an Narrn braucht, laßt er an oitn Mo sei Wei sterbn.[162]

's zwoat Wei hat an silbern Arsch, de dritt an goldern.

Ledi gstorbn is aa net vareckt.

In der Stubn

Bist alloa, macht aara warma Ofn 's Herz net warm.
A schöne Stubn laßt a schöns Wei(b) sehgn.
Weiber und d' Öfa ghern in d' Stubn.
's Haus verliert nix.[163]
Da Hausfried is a täglichs Wohllebn.
Wann 's Haus inna brennt, is 's ärger, als wann 's außn brennt.
D' Stubn schmeißt ma net zum Fensta naus.[164]
Draußen hat ma hundert Augn, dahoam kaam oans.
Wer am warma Ofen sitzt, der redt gern von der Kältn.
Wasser und Feuer san heilige Deanstbotn – aba teiflische Herrn.

Von Kopf bis Fuß

Fürs Kopfweh hilft koa Füaßsalbn.

Augn wia Salzbüchsl, Haxn wia Schlitt'nkuf'n.

Vier Augn sehng mehra wia zwoa, aber zsammschaugn derfas net.

Der Zahn beißt oft die Zung, und san do guate Nachbarn.

Auf die Frage: wohin gehst du?
Da Nasn nach und zwischa d' Ohrwaschl durch.

Hätt ma koa Kreuz, müassat ma an Arsch am Bandl tragn.

Wer si tiaf buckt, zoagt vui Arsch.

Wenn a Sessel aa no so woach is, drauf sitzt allwei a Arsch.

Mit zwoa rechte Händ schlagt ma koan um oa Sach.

Zfriedn bis in d' Haut nei.

Der is in Steckerlbach in die Kirch' gangen, wie s' in Wadlbach z'sammgläut habn.[165]

Große Füaß in kloane Schuah haben 's Laufn bal' gnua.

Was ma net an Kopf hot, mua mar a de Füaß ham.

Menagerie

Es gibt viel Esel, die wo nia an Sack tragn habn.

Der Esel des Königs ist auch ein Esel.

Gäb's keine Pferde, so wär der Esel der erste.

Wer an Esl in d' Mühl treibt, treibt aar an Esl wieda hoam.

Einem willigen Esel packt a jeder auf.

An Adler fangt koa Fliagn.

Nach und nach baut der Vogel sei Nest.

A gscheider Vogel versteckt sei Nest.

Wo a Gans hinscheißt, wachst siebn Jahr koa Gras.

A fleißiger Gockl werd net fett.

Wann da Hahna schreit, is da Tag net weit.

Wem d' Henn g'hört, dem g'hörn aa d' Oar.

A faule Henn gackert den ganzen Tag.

A fleißige Henn braucht nia net weit renna.

Henna, de viel gackern, leg'n de wenigsten Oar.

A gschupfte Henna.[166]

Mit de Henna ins Bett geh.

D' Oar mechtn gscheita sei wia d' Henn.

A junge Henna und an alte Kuah macha an Bauern reich.

In der Nacht san alle Küah schwarz.

A guate Kuah sehgt ma im Stall und net auf'n Markt.

A schwarze Kuah gibt aara weiße Milli.

I mach doch den sei Melkkuah net!

Hintnache wia da Kuahschwoaf.[167]

Wo's da Brauch is', legt ma d' Küah ins Bett.

Werd a Kuah alt, scheißt s' Gold.

Wenn das Wörtl »Wenn« net waar, waar da Kuahdreck a Schmalz.

A Kuah, wo nach'n Kaibi schreit, rindert bald wieder.[168]

Was woaß da Ochs vom Sonntag, wenn man 'n eispannt.

Von an Ochsn konn ma nix verlanga als wiara Rindfleisch.

Wer 's Glück hat, dem kaibelt der Ochs.

An alter Ochs vergißt gern, daß er amal a Kaibi war.

Sei Vater war an Ochs, sei Muatter a Kuah, und er is a Rindviech worn.

Kimmt an Ochs zum Berg, bleibt a stehn.

D' Haut abaziahgn tuat da Maus akrat so weh wiar an Ochsn.

A Roß und a Maus tragn 's Jahr aus.[169]

An ghaberten Roß und an gschmalzener Mo, ko koa Teifi was o.[170]

Des Roß, wo an Habern verdeant, kriagt'n net.

De guatn Gedanken und de hinkadn Roß kemman allweil hintnach!

Wegs oan Huafeisn vadirbt oft a Roß.

An gschenktn Gaul schaut ma net ins Maul.[171]

A Viech hoaßt ma koan Scheckn, hat's net a paar Fleckn.

D' Rösser und d' Deandln san mit an jedn Tag weniga wert.

Redensarten vom Pferd, Roß, Gaul:

Des halt ja koa Gaul net aus!

Des bringt 's stärkste Roß um.

Net mit drei Roß bringst mi da weg!

Schnaufa wiaran alter Postgaul.
Den sticht da Hawern.
Der zaamt 's Roß vom Schwanz auf!
Oan guat zuaredn wiaran scheua Roß.
Dawei schirr i ja vier Roß ei, bis du ferti wirst!
D' Ohrn spitzn, hänga lassn, steif haltn.

*

Aus an Bätzerl werd höchstens a Schaf.
D' Schaf muaß ma schern, wann s' a Woll habn.
Er sagt net muh und net mäh.
Du Schafzipfi!
Der zittert wiara Lampischwoaf.
De is a dürre Goaß.[172]
Der Goaß wachst da Schwoaf net länga, als wia s' 'n braucht.
Bal da Goaß z' wohl is, na scharrt s'.[173]
Wer net selba stehln mag, muaß si a Goaß einstelln.
Goaßboin san koane Haslnüss.
Sau bleibt Sau und wennst ihr a seiders Hemad oziahgst.
Es muaß net sei, daß a Sau a Halsbandl tragt.
D' Säu und der Trank, de findn anand.

Redensarten von der Sau:
Da kennt si koa Sau mehr aus!
Der hat an Saumagn!
Mit dir hab i no nia net Sau ghüat.
Koa Sau hat si um mi kümmert!
A Sau, wia 's im Buach steht!

Saubär, Drecksau, Saubua!
Saukalt, saugranti!

*

Zweng oana Wanzn reißt ma koa Haus net ein.
A Schaffl Flöh is leichta zum hüatn wia oa jungs Madl.
Wer sich zum Hund legt, steht mit Flöh auf.
Wia foaster der Floh, wia dürrer der Hund.
Ein lebendiger Hund ist mehr als ein toter Löwe.
Wer an Hund schlagn will, findt aa an Stecka.
Der Jaager macht an Hund und net der Hund an Jaager.
Den Letztn beißen d' Hund.
Hund, de viel bellen, beißen net.
Wo der Hund frißt, da muaß er aa bellen.
Wer 'n Hund fürcht', den beißt a.
D' Kinder und d' Hund' machn an Weg gern zwoamal.
Hund und Herrn lassn de Tür offn.
Schlafende Hund' soll ma net wecka.
De großn Hund beißn anand net.[174]

Redensarten vom Hund:
Laffa wiara gstutzter Hund.
Bei den Sauwetta jagt ma koan Hund net naus!
Da damit lockst koan Hund net hintan Ofa vüra!
Des Bier liegt im Maßkruag drin wiara touter Hund!
Pudelnackat! Hundskalt! Bläder Hund!

*

D' Katz fangt koa Maus, wann s' z'guat gfuttert werd.

A naschade Katz hilft an langsama Weib auf d' Füaß.

Des war wieda für d' Katz!

A Fisch dersauft net.

An Aff bleibt an Aff, werd er Kini oder Pfaff.

Je höher der Affe steigt, je mehr er den Hintern zeigt.

Augn wiara Luchs!

Dreischau' wiara Schwaiberl.

Essen wiara Spatz.

Schlafa wiara Ratz.

's Oachkatzl kennt sofort a jede laare Nuß; *mir* müassens zerscht aufbeißn!

Willst an Schneckn tanzen sehng, muaßt guate Knia habn.

Da geht's kloa her, hat der Fuchs gsagt, hat alle Tag a Fliagn gfangt.

Bei da Nacht geht aar an alta Fuchs diamaln ins Eisn.

D' Morgenrötn und da Fuchs mögn si net.

Hintn fehlt's, hat da Fuchs gsagt, wia eahm da Schwanz angfrorn gwen is.[175]

Den Weg hat da Fuchs gmessn, wiar eahm da Hund nache is.[176]

Wer an Fuchs zum Schwaga hat, braucht d' Henna net einsperrn.

Zum Fuchs derfst net Fuchs sagn, da muaßt Holzhund sagn.

Wer a Magd halt zweng an Spinna
und a Henna zweng an Singa
und a Gans nur zweng an Mist,
der woaß net wia blöd er ist.

Geld und Geiz
oder
Vom Diri-Dari

Geld hamma wia Heu!

Wo's Geld is, is da Teifel, wo koans is, is a zwoamoi!

Zu an Geldbeutl brauchst koa Stemmeisen, der geht von selber auf.

Mit an fremdn Beitl is guat zahln.

Kaannt er s' habn, fressat a Geiziga d' eigne Zung.

Wachst as Moos auf'n Dach, is im Haus as Geld wach.

Geld regiert d' Welt.

Wer zahlt, schafft o.

Ehrli macht reich, aba langsam geht's her.

Wer d' Augn net aufmacht, muaß an Geldbeutel aufmacha.

A ungrechta Kreuza laßt neunaneunzg g'rechte Guldn vareckn.

Es gibt nix Bessers auf der Welt,
als wia was Guats und recht viel Geld.

's Gold findst im Berg – und an Dreeck am Weg.

Von der Armut
(Bettelmännisch g'fahrn)

Bessa an Kreiza wia d' Händ in da Taschn.

's Geld hat an glattn Schwoaf.

Da *Hab-i* is no allweil mehrer als wia da *Hätt-i*.

Nur net der Nout an Schwung lassn.[177]

Wer zum Heller geboren is, der kimmt auf koan Kreuzer – und wann a si no so volla Dreck macht.

Wer zu 99 Pfenning geboren is, bringt's zu koan Markl.[178]

Besser ohne Nachtessen ins Bett geh', als wia mit Schuldn aufwacha.

Leichta bettlmännisch gfahrn als wia herrisch ganga.[179]

Am Fenstabrettl hockn und auf d' arma Leut abaspeibn – is koa Kunst.

Arme Leut ham bein Hoamgeh allwei weit.

Wer lang bettln geht, woaß d' Haustürn.

Geht a Bettler auf'n Kirta, na hinkt a – kimmta a hoam von Kirta, na springt a.

Wenn der Bettlmo aufs Roß kimmt, kann ihn der Teifi net derreitn.

A leera Sack stäht net.[180]

A leere Hosn macht keusch.

Armut is koa Sünd, aber a Schand.

Kuacha und Bratn verderbn de arma Leut.

Von de Bettlleut konnst as Kocha lernen, und von de reichn Leut 's Sparn.

Eh daß ma bettln geht, sollt ma sein Löffl vakaufn.

Es schaugt dir neamd in Magn, gschaugt werd aufn Kragn.

Steht d' Not amal Schildwacht, schreit da Hunga: Wer da?!

A Bettler macht koan Konkurs.

Wo nix is, hat da Kaisa 's Recht valorn.[181]

De Reichn schneibt's Rinda, de Arma schneibt's Kinda.

Aara arma Herd macht warm.

Kurze Haar san schnell kampelt.[182]

Bettlarm – Gotterbarm.

Von der Arbeit

Wenn d' Arbat sterbn taat, gaab's de allergrößt Leich.

A rechte Arbat schwitzt neunalei Schwoaß.

An Zuaschauer is d' Arbeit nia z'viel.

Was ma gern tuat, is koa Arbat.

Vom Arbatn werd ma net reich, sonst waarn die Taglöhner die reichsten Leut.

Geh zua, fünferl mi, na hast um Sechse Feierabnd!

Wia leichta da Deanst, wia faula da Knecht.

's deanate Brot schmeckt überall gleich sauer.

Schnupf, nacha schmeckst d' Arbat net!

Früher hat's Dumme aa geben, die ham g'arbat. Jetzt gibts nur mehr Gscheite, drum toan so viel nix.

Wer seine Finger in d' Arbat neibringt, is selm schuld, wann eahm ebbs drobleibt.

D' Arbat is a Hex, de greift an Leib o.[183]

Es is koa Kuchldirn z'faul, daß s'kocht ins eigne Maul.

A schlechta Fleiß, der sei' muaß.

Arbeit macht das Leben süß, und Faulheit stärkt die Glieder.

Der dearf sein' Herrgott danken für die graden Glieda, daß er da Arbeit aus'n Weg geh ko!

In d' Händ g'spiebm und in d' Arbat gschissn, hat no nia an Baam umgrissn.

Es is a langsams Sterbn, wannst von an Maura im Taglohn umbracht werst.

I ko essn und trinka, was i mag, mir schmeckt halt koa Arbeit.
Übaladn – tuat schadn.

Essen und Trinken
Gurgl und Bauch

Essn und Trinkn halt Leib und Seel zamm.[184]

Selber essen macht fett!

's Maul hat ehnda gnua als wia d' Augn.

Der hat d' Augn größer wiaran Bauch!

Was der Bauer net kennt, frißt er net.

A Schmalz ohne Kübl is net 's größte Übl.

Was zum Maul da Löffl tragt,
ghört zum Ohr net weitagsagt.

Liaba an Magn verrenkt als wiaran Wirt was gschenkt.

Im Wirtshaus, wenn s' trunka ham, wern d' Leut ehrli. Da san alle nackert.

A leera Teller und a trockns Glas gebn koan Gspaß – a trockne Gurgl und a leera Darm gebn net warm.

A Wirtshaus muaß sei wiara Beichtstuhl, sonst konn ma net Wirt sei und a Kellnerin.

A Nudlbrett und an Ausred find' ma in a jedn Kuchl.

Es gibt nix Bessers wie ebbs Guats!

Wem 's Oa z' kloa is, muaß mit da Henna redn, daß s' zweng seiner 's Loch weiter aufreißt.

Mit unglegte Oar is net guat Schmarrn kocha.

Erdäpfe haan am besten, wenn s' durch d' Sau triebn wern.

A tote Sau is mehra wert als wia a toter Mensch.

Wer 's woaß, was d' Sau frißt, der woaß, wia d' Wurscht schmeckt.

Bein Metzger san alle Küah Ochsn.

's Fleischtrumm sollt si nach'm Biblgwicht – und 's Gebet nach da Knackwurstläng richtn.

D' Wassasuppn und d' Ruah legn am Leib aa was zua.

Liawa vom Saufn an Bauch als wia vom Arwatn an Buckl.

Wer lang sauft – werd aa alt.

A Gurgl is a kloane Lucka, kon aber Haus und Hof verschlucka.

Im Bier san mehr ertrunken wia im Wasser.

A Rausch is besser als wiara Fiaba – und a Schoaß besser als wiara Haglwetta.

D' Kirchtürm kanntn an Schuach niedriger und d' Maßkrüag an Schuach höher sei.

Was hilft der schönst' Sonnenschein, wenn oan dürscht.

Wann da Esl 's Wasser und d' Muckn 's Mehl zuaratragn, kannst d' Knödl mit'n Löffl fressn und zruck üba d' Zung scheißn.

D' Liab druckt 's Herz und der Knödl an Magn.

Ma muaß d' Brocka net größa nehma, ois ma s' ins Mäu neibringt.

Man moant oft von oan, er is foast, derweil is er nur gschwolln.

Es hat siebn Häut und beißt d' Leut.[185]

A Brot im Maul und koan Zahn, is allweil no besser als wiar umdraht.

Anderswo is aa guat Brot essen, – wann ma oans hat.

Guatn Appetit! – Hamma 'n scho bei da Mitt!

Reden ist Silber

's Redn kimmt vom Gmüat, 's Staadsei vom Verstand.

Willst zu was kemma, muaßt 's Maul haltn könna.

Zu einem, der das Maul halten soll:
Du derfst erst redn, wenn da Bachofa 's Geh ofangt – und dann derfst grad »Öha« sagn!

's Redn waar scho recht, wenn ma 's Mäui dabei net aufmacha müaßt.

's Maulhaltn und 's Fotznaufreißn san wia Tag und Nacht: A jeds hat sei guats Recht, aber aa seine unguatn Zeitn.

Viel Red – viel Nöt, mehra Gstank wia Dank.

Oft redt oaner viel, wenn der Tag lang is.

Des is a Gschmátz, des koa Hoamat hat!

Wer sich mit'n Mäui forthelfa ko, kimmt weit.

Der Schneeball und des böse Wort wachsen und rollen fort.

Liaba fallt ma in a Mistgruabm eini, wia in a bös' Mäui.

Ma soll nix varedn als wia 's Nasn robeißn.[186]

Da Moana und da Lüaga, des haan zwe' Brüada.[187]

Zu oaner Lug ghörn allwei no sieben andere.

Jeder Kramer lobt sei War.

Wer vui fragt, geht lang irr.

A guats Wörtl kost koa Geld.

Advokatisch

Recht habn is leicht – Recht kriagn is schwaar.
's Gsetz hat a waachserne Nasn.[188]
Vor G'richt muaß ma dalkert schaung und gscheid redn.
Wer si mit da Zunga forthelfn kann, kimmt weit.
A Prozeß is der Beweis dafür, daß d' Leut dumm san.
Besser a magerer Vergleich als wiara fetter Prozeß.
Lüagn und Betrüagn genga allwei mitanand.
Unrecht Guat tut selten guat, am End geht's in an Fingahuat.
Hundert Jahr Unrecht is no allawei koa Recht.
Wer bekennt, wird g'hängt.
Zur an Galgn gibt a jeda Baam sei Holz her.
Wer fürn Galgen ghört, der dersauft net.
Schergn, Schinter und Jaaga san Bruada, Gvatter und Schwaga.
's Recht hat wohl jeder, aber sagn derf er's net.
Vor an Holzweg is aa der allabest Rat net sicha.
Advokatn und Wagenradl muaß ma schmiern.
Um d' Wahrheit alloa kannst da nia an Fried einhandeln.
Oa Keil treibt den andan.[189]
Es gibt mehra Strizzi wia Schandarm.

D' Leut

Die Zeit waar net schlecht, aber d' Leut.

Oaner is a Mensch, mehra san Leut.

Man siecht in de Leut net nei, man siecht grad hi'.

Grobe Gassenkinder, scheene Leit, scheene Gassenkinder, grobe Leit!

Bei de ratscherten Leut is der Schnabl des Best.

D' Leut san wia Griaßknödl, bloß net so rund.

Entern Bach san aa Leut.

De san Tag und Nacht vonand.[190]

Muaß is a bitters Kraut.

Sagst, was d'magst, es gibt nix Bessers wia was Guats.

Wer nix wird – wird Wirt.

Is guat, daß der zwoa Ohrwaschl hat, sunst kunnt er mit sein groußn Maul rundum lacha!

Es is koa Blinder so blind, als wia der, der wo net sehng will.

Wer si einspannen laßt, der muaß aa ziahgn.

Wer's lang hat, laßt's lang hänga, und wer's no länger hat, ziahgts hint'n nach.

Ma siehgt's am Laufn, wenn oaner an Fuaß z'weni hat.

Böse Augn sehng nix Guats.

's Lüagn lebt vom Fragn.

Mancha frißt sei Luag selm – wie da Hund sei Speiberts.

Unkraut verdirbt net, wern ehnder zwoa draus.

Wennst de zwoa in an Sack steckst und haust dann mit'n Stecka drauf, triffst allweil den richtigen!

Wer sich grün macht, den fressen die Geißn.

Wer gernt tanzt, dem is leicht geig'n.

's Musimacha is koa Kunst, aber 's Aufhörn.

Mit de O'geber muaß ma Mitleid habn.

D' Handlschaft kennt koa Vetternschaft.

Wer koa Flintn hot, soi si net unta de Jaaga mischn.

Viele wissen viel, aber koaner woaß all's.

»Ko scho sei« ist net so vui wia »gwiß«.

I geh zum Schmied und net zum Schmiedl!

Menschliche Schwächen

In der Schriftsprache:

Wer jedermann will gefallen, verdirbt es mit allen.

Disteln und Dornen stechen sehr, falsche Zungen noch viel mehr.

Argwohn ißt mit dem Teufel aus einer Schüssel.

Furchtsame Leut' sehen am hellichten Tag Gespenster.

Dummheit und Stolz wachsen auf einem Holz.

Wer hoch hinaufsteigt, fallt hoch herunter.

Wer nichts kennt als Tadel, ist ohne Adel.

Einem Jammerer muß man was nehmen, einem Sprüchmacher was geben.

Den Geizigen kränkt, was er im Traum geschenkt.

Ein Geiziger ist nicht eher satt, bis er den Mund voll Erde hat.

Neidige Leut' schinden die Laus um den Balg.

Was man nicht im Kopf hat, muß man in den Füßen haben.

Das Wasser ist nicht gut in den Schuhen, viel weniger im Magen.

Und wieder mundartlich:

Der is auf der Brennsuppn dahergschwumma.[191]

Des is so dick auftragn, daß ma's mit zwoa Paar Handschuh no greifa ko!

Kloa gibt's der net – und wann a seine Läus einspanna muaß.[192]

Er halt um guat Weda o.[193]

Wer mit'n Bscheißn net weitakimmt, der probiert's mit'n Bsoachn.

Mit'n G'wissn bist allwei b'schissn.

A krumma Steckn gibt koan Elln.

Wia kleana da Reita, wia größa da Sporn.

Körperliche Eigenheiten:

A Nasn wiara Schnapsbuttejlln.

Der hat a Fettn, daß ma'n ohne Kraut net anschaugn kann.

Der macht Augn, wia wenn er no zwoa im Sack hätt.

Der hat Augn wia Salzbüchsl.

Haxn wia Schlittnkufn.

Wadl wiara verheirater Spatz.

Wadl wiara dreijähriga Beichtzettl.[194]

A Mäui wiara Schwert.[195]

A Mäui wiara Backofaloch.

Der kunnt an Bock zwischn de Hoarn kußn.[196]

Der is so lang wia da Tag um Sunnawend.[197]

Der is a lange Hopfastang.

Lebensweisheit

Wer vui ko, muaß vui toa.

Ändern is net bessermacha.

Was net geht, muaß ma tragn.

Was man herleiht, hat man bloß ghabt.

Herleihn macht Feindschaft.

Krumm herum is aa net dumm.

Weniger is oft mehra wia vui.

Weni is net vui, aber es schad't aa net.

Möchtn taatn alle, aber können bloß a paar.

Wer si z'viel zutraut, der werd bald trauern.

Jeder tuat, was er kann, aber net jeder kann, was er tuat.

Hundert Jahr' hängt koa Ding auf oa Seitn.

Ma muaß' nehma, wia 's is, net wia 's waar.

Der Handel kennt koa Verwandtschaft.

Es gibt nix, was' net gibt.

Der Neid is besser wia 's Mitload.

Balst net derwischt werst, is nix a Sünd.

A jeds Warum hat sei Darum.

Zorn und Gwalt wern net alt.

's gschenkte Sach is oft am teuersten.

Glaab net all's, was d' hörst, sag net all's, was d' woaßt, und tua net all's, was d' moanst.

An Amboß fürcht' koan Hammer.

Lebn muaß ma, wia ma ko, und net, wia ma möcht.

Nix konnst vorredn wia 's Haxnabbeißn, und des is net gwiß.[198]

Vom Versprecha werd ma net satt.

Vom Wünschen is no koaner reich worn.

Zorn macht verworrn.

Wer guat schmiert, fahrt guat.

's Hörensagen is allwei halben glogn.

Auf d' Nahat is guat schiaßn und auf d' Weitn guat lüagn.

Sehng is besser wia hörn.

Wer schnell verspricht, halt' selten.

Jeder halt' sein Stroh für Heu.

Viel Freund – viel Feind,
Viel Hausvettern – viel Hundsföttern.

Wer zwischen zwei Freunden richtet, verliert den einen.

Wer si üba koa Stiagn traut, kimmt auf koa Dach.

Jedes Dach hat sein Ach.

Wer koa Haus hat, dem kann da Wind koan Ziagl vom Dach wahn.

Gar koa Haus is besser als wiara halberts.

Nur der woaß, wo der Schuah druckt, der 'n o'hat.

's Schlagn is verboten, aber 's Zruckschlagn is erlaubt.

Ma hot's net leicht, aber leicht hot's oan.

Zum Schenkn ghörn allwei zwoa: oaner, der schenkt, und oaner, der wieder schenkt.

Bloß in Höflingen tritt koans an andern auf d' Zechan.[199]

Gwohnheit is an eisers Pfoad.

Wenn der Dreck Mist wird, will er gfahrn sei.

A fedaleichta Dreck is aar a Dreck.

Wenn auch viele an falschn Weg gehn, deswegn werd da Weg net richtiga.

A guater Willn braucht koa Brilln.

A halberte Wahrheit is a dreiviertelte Luag.

's Gerücht is immer größer als die Wahrheit.

Von Kindern und Lappn kannst d' Wahrheit dadappn.

Vom Wahrsagn konn ma lebn, vom Wahrheitsagn net.

Was net wahr is, is net allemal dalogn.

Wer als Schuaster ins Bett geht, ko net als Schneider aufsteh.

Krummes Holz macht auch a warms Feuer.

's Wassa hat an dünna Kopf, des schluift überall durch.

Wer nicht achtet, wird geachtet.

Wo er gschlagn werd da Pfenning, da gilt a wen'g.

Umkehrt is aa gfahrn! (Retourkutschn)[200]

Da wo der Groschn gschlagn is, da guit er nix.

Was ma hat, hat ma.

Es is nix so wichtig, daß 's morgn net scho wieda wurscht waar!

Bist schwarz geborn – is as Weißwaschn valorn.

Da Argwohn werd imma satt.

Da Schlaf bringt an jedn um's halberte Lebn.

Vom Verstand

Es gibt Leut, de san so gscheid, daß mas' zu nix braucha ko.

Viele wissn viel, aber koaner woaß all's.

Kinna muaß ma kenna.

's Denka und 's Gradfürischaun kon oan neamad verwehrn.

Lern was, dann konnst was vergessn.

Was oaner net woaß, des konn er net vergessn.

Wer sich an alles erinnert, der hat's schwer.

Da derfatst an Kopf ham wiara Wasserschaffl!²⁰¹

Hochgeborn hat weni Hirn und lange Ohrn.

Ja, so is', a so gehts, wer's probiert, der versteht's.

Mir geht a Stallatern auf.

An Verstand ko ma nachhelfa, aber an Herzen ko ma nix Bessers gebn als was' hat.

Schadn macht gscheid, aba net reich.

Hinterher is a jeder gscheid.

Von der Dummheit

Oa Narr macht zehne, aber der erscht is da Ferscht.[202]

Wenn der Kopf a Narr is, na muaß' der ganz Leib büaßn.

Ma find't seltn an Dümmern, als wia ma selber is.

Es gibt Leut, de ramma an Fliagndreck mit der Schaufe weg.

Wenn a Dumma red't, bleibt a Gscheida staad.

Dummheit macht viereckige Knödl.

Wenn Dummheit schrein kaannt, waarn alle Leut dorat.

Der is so gscheit wiaran Herrgott sei Roß, und des is an Esel gwen.

Der stellt si wiara Kuah zum Scheißn.

Der hat aufs Drodenka vergessn.

Der is so dumm wia d' Nacht finsta.

Früher hat's Dumme gebn, de ham g'arbat. Heit gibts nur no Gscheide, und de toan nix.

Wia krümma – wia dümma.

Gega d' Dummheit is koa Kraut gwachsn.

Der is so bläd, daß er am Abtritt in d' Hosn scheißt.

Der is so dumm, daß er si auf Weihnachtn auf an Kirschbaam foppn laßt.[203]

Der is so dumm, daß a barfuaß am Heubodn drom boußt![204]

Wann der so groß waar wiara blöd is, kannt a d' Frauatürm z' Minka leicht glanzert putzn –
bal a nachat net z'faul zum Buckn waar.

So dumm wia du is ja net amoi mei' Handochs![205]

Mit dem seina Dummheit kannst an Ochsn darenna.
A Schubkarrn und a Dummheit laufn allwei vorndro.
An Gscheitn waarmt da Ofn, a Depp vabrennt si dro.
Wenn oana in der Welt alle Narrn zählt, vergißt er allawei oan.
Dummheit und Stolz wachsen auf oan Holz.[206]

Glück und Unglück

Wie dümmer der Mensch, wie größer sei Glück.

Da Augenblick macht 's Glück.

Der hat mehra Glück wia Verstand.

's Glück is a blinde Kuah und laaft an ghörntn Ochsn zua.

Das Glück is a Rindviech und suacht seinesgleichen.

Wer 's Glück hat, dem gibt sogar da Goaßbock a Milli.

Abwärts geht's guat, aber aufwärts hat's an Teifi.

Wer koa Kreuz hat – schaugt si um oans.

A verschütt's Wasser laßt si net guat aufhebn.

Bessa dastickt, wia dafrorn –
braucht ma net so lang zittern.

Je mehr da is, je mehr muaß her, und je mehr her geht,
desto mehr is hin.

Jetzt geht's Grabnbach zua!

Durch an Schadn werd ma gscheiter, aber net reicher.

Vom Glauben

Von ara Wallfahrt kimmt selten a Heiliger hoam.

Mit de Füaß alloa kimmt ma net in Himmi.

Wer an' Herrgott glaubt, braucht koa Religion.

Solang ma orgelt, is d' Kirch net aus.

Sei' lassn is guat fürs Beichtn.

Der Herrgott is net so reich, wia ma moant; was er de oan gibt, nimmt er de andern.

Fromme Leut lobt a jeds, aber Bettler hoaßt ma s' aa.

Der Herrgott gibt die Nuss' dem, der koane Zähn mehr hat.

D' schönst' Kapelln nutzt nixn, wann innawendi da Heilige nix taugt.

Glücklich über der Bruck, verlacht man den Nepomuk.

Waar da Himml auf da Erdn, brauchatn d' Häusa koa Dach.

Gott werd net naß, wenn er aa ins Wasser fallt.

Was recht is, hat Gott liab – wer a Goaß stiehlt, is koa Bockdiab.

Ach Gott und nein Heiling, da Mesner vo Greiling, da Pfarrer vo Buach, wiavui braucha de Schuach?

Wo's da Brauch is, is as Tanzn in da Kircha koa Sünd.

Der Teufel

Der Teifi hejlft seine Leut, aber holn tuat er s' aa.

Wo's Geld is, is der Teifi, und wo koans is, is er zwoamal.

Der Herrgott sagt »heut« und der Teifi sagt »morgn«.

Wo der Teifi net hinmag, schickt er an alt's Wei.

Wenn ma an Ruachn was schenkt, lacht der Teifi.

Nach'n Teifi braucht ma net schrein, der kimmt vo selber.

Es is leichter, in d' Höll kemma als wia in Himmi.

Ins Wirtshaus und in d' Höll geht allwei a schattiger Weg.

Der Teifi scheißt allwei da, wo scho dungt is.

Der Teifi is wiara Oachkatzl; er find't, siecht und hört alles.

Bergab schiabn alle Teifi, aber bergauf hilft dir kaam a Heiliger.

Liaba an Teifi als a bös' Wei; denn an Teifi ko ma mitn Kreuz vatreibn.

»Oamal schwarz!« hat d' Bäurin gsagt und hat an Bauern de ruaßige Pfann fürn Schädl ghaut.

»Oamal schwarz!« hat da Teife gsagt, wiara an Rauchfangkihra dawischt hot.

»Gleich und gleich gsellt si gern«, hat da Teifi zum Kohl'nbrenna gsagt.[207]

»Was grob is, is stark«, hat der Teifi g'sagt und hat seiner Schwiegermutter mit der Sperrkettn 's Maul vernäht.

In da Nout frißt da Teifi Fliagn.[208]

Kümmernis geign und Trübsal blasn, hoaßt an Teifi aufspieln lassn.

De Einfoit hot oft scho an Teifi ogschmiert.

Der Tod und der Teifi nehma koa Geld.

In der Jugend war aa der Teifi schö.

Lustig g'lebt und selig g'storbn,
hoaßt an Teifi 's G'schäft verdorbn

Vom Alter

Vor an altn Mann muaßt aufstehn, vor an altn Baum an Huat abnehmen.

Alte Leut und alte Häusl zahln 's Flicka net aus.

Je älter der Bock, je härter de Hörndl.

Im Alter wachsen nur mehr d' Nägel und der Geiz.

Die grauen Haar und der Schimmel auf 'n Brot wachsen von selber.

Wann der Herrgott an altn Mo strafn will, laßt er eahm sei Wei(b) sterbn.

De Leut vom alten Schlag kennst leicht: Sie ham an Arsch no hint.

De alten Gockl kraahn am lautesten.

Zwischen de 50er und 60er Jahr hat ma de meistn Schoaß scho glassn.

An alts Wei(b) werd von an Schoaß scho satt, an Kirta brauchts zwoa.

Haar grau, Schwanz blau, langsam soacha, san drei böse Zoacha.

An alts Wei(b) und a gußeiserner Herrgott san ewige Stuck.

Wann an alter Stadl brennt, is er nimmer zum Löschen, und wann an altn Mo d' Liab anfallt, is er nimmer zum bremsen.

Zorn und G'walt wern net alt.

So gehts net weida – toats den Oitn außa![209]

Tanzt an Alter, dann macht er vui Staub.

An oita Mo is koa Rennroß!

Bei de Altn werd ma guat ghaltn.

A Junger ko sterbn, an Alter *muaß* sterbn.

Wenn der Teifi alt werd, werd er a Kapuziner.

Besser, es woana d' Kinder, als wia de Altn.

An alten Baam ko ma nimmer versetzn.

Alt wern is a Gnad, alt sei a Straf.

Des sollt's halt gebn, net alt werdn und lang lebn.

Vom Kranksein

Nix is ung'sünder wia's Kranksein.

Beim Kranksei konnst nix sparn wia d' Schuah.

Wer lang huast, lebt lang.

Des is a Gottsackerjodler.[210]

Mancher hat sich schon a schöns Alter dahuast.

Wer gsund is, woaß net, wia reich daß er is.

Der schaut aus wia der Tod vo Öding.[211]

Der tragt sei Seel scho unter der Irxn.[212]

Der geht auf der Freithofmauer spaziern und woaß net, soll er außi- oder einifalln.

Liawa reich und gsund als wia arm und krank.

A Gsunder hat hundert Wünsch', a Kranker grad oan.

Vom Sterben und vom Tod

Der Mensch muaß peinigt sei, sonst hat er koa Lust zum Sterbn.

Seit 's Sterbn aufkemma is, is koana mehr sei Lebn sicher.

's Sterbn hebt ma si auf bis auf d' Letzt.

Der holt des letzt Mehl aus da Mühl.[213]

Der muaß as Gras beißn.

Den habms d' Eisn owag'rissn.[214]

Hot scho wieder oa 's 'n Löffe wegg'worfa.[215]

Zum Sterbn sollt ma si Zeit lassn.

Wia mehra oaner hat, wia schwaarer stirbt er.

Wenn a Protz stirbt, laffa d' Frösch oisam zamm, aber bal a Frosch stirbt, kimmt koa oanziga Protz.

Zwoa Sachan kimmt ma nia aus: an Steuern zahln und an Sterbn.

Wann ma heirat' und wann ma stirbt, muaß ma d' Leut redn lassn.

Wenn der Tod kimmt, woaß jeder an Ausred.

An Tod fürchtn is schlimmer wia 's Sterbn.

A guater Tod is oft besser wiara schlechts Leben.

Wann 's Haus ferti is, na kimmt der Tod.

Der Boandlkramer verschont koan, koan Reichn und koan Armen.

Bein Toud kost di ducka wiast' mogst, der maaht ziemli tiaf![216]

Für'n Tod is aara Kraut g'wachsen, grad kenna tuat 's neamd.

Wer g'storbn is, braucht an Tod nimma fürchtn.

De Hochzeitsleit werd allweil was Schlechts, und de Totn nur was Guats nachgsagt!

Der Tod hat no koan vergessn.

Zum Gottsacker brauchst koan Dungert fahrn.

Was hilft ma-r-a schöne Leich, wenn i da Tote bin!

Auf'n Friedhof macha aa de Reichn Platz.

Bal ma in da Trucha drin liegt, san alle Leut gleich.

Bal die Zeit aus is, geht's dahi mitn Salat in d' Stadt.

Aa da Tod is net umasunst, denn der kost's Lebn.

Wer amal gstorbn is, den tuat koa Zahn nimma weh.

I kaannt no allerhand sagn – aber i mag net.

Wiener Redensarten[217]

Wer's glaubt, wird selig.
Dees is net g'sodn und net bradn.
Daß i net lach!
Der kann ma gstohln wem.
Ja, Schneckn mit Kren.
Aber sunst bist gsund?
Na freili, dir wern s' an Extrawurscht bradn!
Dees is a Viech mit Haxn.
Aufn Hund kummen.
Dees pfeifn scho d'Spatzen von Dach.
Macha S' kaane Mäus!
Glaubn S' i bin a heuriger Has?
An Floh ins Ohr setzn.
I sitz in da Dintn.
Er schaut aus wiara gspiebenes Äpfelkoch.
Er is glei in der Höh![218]
Der Kerl is wia vernaglt!
Er steckt in kaaner guatn Haut.
Er redt drei Sprachn: deutsch, dumm und dalket.
Bei mir hat er d'Milli verschütt.
Aa wannst di aufn Kopf stellst!
Es werd an Kopf net kostn.

Ma ka net mitn Kopf durch d'Wand renna.

Er hat si 's Maul zrissn.

Er hat si 's Maul verbrennt.

Übers Maul fahrn.

A Maul ahänga.[219]

's geht eahm 's Maul wiara Dreckschleudern.

Bei den, wann er stirbt, muaß ma d'Goschn extra daschlogn.

Dee hat Haar auf die Zähnt.[220]

Des wachst ma scho bein Hals aussa.

I wir eahm des net auf d'Nasn bindn.

I hab's eahm an der Nasn a'gsehgn.

Ebbs unter d'Nasn reibn.

Nimm di nur selber bei der Nasn.

Er hat a guate Nasn ghabt.

Ma muaß eahm scho d'Nasn draufsteßn.

Des hab i mir net aus de Finger suzeln kinna.

Du kannst dar alle zehn Finga abschleckn!

Dees liegt mar in Magn.

Da muaß mar an guatn Magn ham.

Net was schwarz untan Nagl is!

Eahm is was übers Leberl glaufn.

Der redt an rechtn Stiefl zamm.

Heint hat er d' Spendierhosn an.

A jeds Haferl findt sei Deckerl.

Er hat über d'Schnur ghaut.

Es geht eahm da Knopf auf.

Was 's Zeug halt!

Er halt eahm d'Stanga.²²¹

I kumm, wann's aa Schuastabuabn regnt.

Dees is net ohne.

I geh auf Numero Sicher.

Gengan S', bleib'n S' da!

Mir san mir.

Er hat an eahm an Narrn gfressn.

Dees is a Fressn für die Leut.

Jetz frißt er aus der Hand.

Friß mi net glei!

Wart nur, du kriagst scho dei Fettn!

Dees wird 's Kraut aa net fett machn.

Da war i no in Abrahams Wurschtkessl.²²²

Er hat halt koa Sitzfleisch.

Mir scheint, du bist heint mit'n linkn Fuaß aufgstandn.

Er laßt alle Fünfe grad sei.

Stell di amal auf d'Hinterfüaß.

Gschwolln daherredn.

Da kunnt ma Junge kriagn!

Ah, da legst di nieder!

I wer dir was blasn!

Dees kon er scho aus 'n F.F.²²³

I hab alle Engl in Himme singa ghört.

Außen hui und innen pfui!

Dees is net auf sein' Mist gwachsn.

Der Fisch stinkt von Kopf.

Dees is ghupft wia gsprunga.

Dee Taanz' kenna ma!
Alls, was recht is!
's geht in aan Aufwaschn!
Dastunkn und dalogn!
Hätt'n ma's net, so tät'n ma's net!

Böhmerwaldlerisch – Bayerwaldlerisch

Wia da Acker hánd d' Ruam, wia da Voder haú d' Buam.[224]

Kloane Kinder – kloane Sorgn, grouße Kinder – grouße Sorgn.

Oa' Kind is koa' Kind. Völ Kinder – völ Freud.

Kimmt net oft vür, dáß a Kuah a fremds Kájbl o(b)leckt.[225]

An' Bám muaß ma' buign solang ar jung is.

Ma' lernt nia net aus.

Junge Roß' schlognt gern über d' Sträng.[226]

D' Liab follt áf an' Misthátfa a so wiar áf an' Rousnstock.

Aus Kindern wernt Leut, aus Jungfern Bräut.

D' Ei'böldung mocht d' Leut närrisch.

Da erscht Vodruß is besser wia da letzt.

Wer grouß o'fangt, hört kloa' áf.

An' Bock muaß ma' schern, wenn ar bo der Woll is.[227]

Da dümmer Bauer hot de größern Drer(d)pfl *(Erdäpfel).*

Moan' hoißt nix wissn.

Völ Köpf – völ Sinn.

An álige Arbat hot söltn an' Wert.[228]

Wenn 's trábi ei'geht, muaß ma' r-ämoi niedersitzen![229]

Wos ma' heut tuat, is morgn gschehgn.

Heugn muaß ma', solang d' Sunn scheint!

Vo' nix wird nix.

Göld stinkt net.
Bon Göldbeu(t)l hört si d' Freu'dschaft af.
Gscheider derheirat', wia derhaust.
Wo nix is, hot da Kaiser sei' Recht volorn.
Wer völ redt, muaß völ wissn oder völ luign.
D' Kircha muaß ma' bon Dorf lossn.
Wos ma' net in Kopf hot, hot ma'r in Füaßn.
An' Toutn soll ma' sein' Ruah lossn![230]
Mit'n Redn kemmant d' Leut zsamm'.[231]
Wia da Herr – a so 's Gscherr. *(Qualis rex, talis grex.)*
D'Leut muaß ma' redn – und 's Wosser rinna' lossn.
Söltn a Schodn ohne Nutzn.
Wos mi net brennt, blos i net.
Gscheider derwart wia derrent.
Koa' Mensch konn aus seiner Haut aus(h)er.
Fürs G'ho(b)te gibt koa Jud nix.
Kimmt sölt́n wos Bessers noch.
Oa' U'glück kimmt söltn inloazt (allein).
A guats Roß gfindt u(ll)wäl inloa' sein' Stoll.
Wer net furtkimmt, kimmt á net hoam.

Auch nordbairisch ist bairisch!
(Egerland, Oberpfalz, Arzberg, Nürnberger Land)

A KLOINS KINNL

Die kloin Kinna tre(t)n da Mutta
af d Föiß u die groußn afs Herz.

Wos ma an Kinnan tout, mirkt sich da Herrgott gout.

A Mutta ko zeah Kinna daniahrn,
owa zeah Kinna niat oa Mutta.

Kloina Kinna, kloina Surgn; groußa Kinna, groußa Surgn.

Wenn s Hem(d)bengerl lachn tout,
gäiht d Arwat nuch amal sua gout.

Wos an Votan bis oans Knöi gäht
gäiht da Mudda bis ans Herz.

D Kindahandla un d Kalmtrög sulln nöi laar sei.

Löiwa zeah Kinda am Kissn, als an oinizigs am Gwissn.

Wos ma mitn Kindan haout, datrogt da stürkst Ma' niat.

A kloins Kind in da Wöign, is da ganz Friedn af da Welt.

ÄIHSTAND

Bevuar ma s Moi(d)l heiert,
soll ma d Schwieghamutta oaschaua.

Reich' Jungfern u fetta Kalwla wearn neat olt.

Arma Moi(d)la u altbachna Weckn gänga neat o(b).

Weiwatslist gäiht üwa Teuflslist.

Wenn dar Ma' an Ruack und s Wei Huasn haod,
nao hausn's goud.

Wea watn ka', kröigt a an Ma'.

Lede gstoam, is a niat vádoam.

A Hauxad (Hochzeit) ohne Danz,
is wöi a Suppn åhne Schmalz.

s Göld

Üms Göld koast an Teifl tanzn laua.

Wou s Göld vuaraasgäiht,
springa d Türn va selwa aaf.

Es is nu koin Reichn da Be(tt)lsteckn vabrennt.

Häist du da Maal zon Wassa ghaltn,
häist du da Göld in Beitl bhaltn.

Wou neks z huln is, laßt sich da Teufl niat schaua.

In Bedlleidn wachst s Broud af alln Ackern.

Döi lem, wöi wenn alle Too Kiawa wa.

Wer zin Bedlsook geburn is, bringts za kan Ranzn.

Wer n vulln Beidl in dar Huasn dragt,
kon leicht Almuasn gebm.

A Beidl braucht kan Schloß, gaid van selber aaf.

s Vöich un da Baua

s Vöich redt mi(t)n Aughan.

s Vöich waiß, wenn s soot hout,[232]
da Mensch owa niat.

Wos d an Vöich toust, zinst da Stool dopplt.

s Vöich soll aa wissn, daß Feiatogh ist.

D Hund mou ma balln, d Häihna gatzn
u d Leit ria(d)n laua.

Wenn s Vöich gsund is, is' da Huaf aa.

Wecha oina Stauan vreckt koi Goas.

Wer s Vöich gout föitart, haut an gou(t)n Huaf.

s Vöich mou asn Stol, wenn d Zeit is.

An Ochsn mouß ma ban Hurn,
an Ma' ban Wurt,
u s Wei ban Kiedl packn.

Wear mit gunga *Ochsn* ackert,
kinnt leicht as da Furch.

A rechta Ochs is niat gaach, owa zaach.

Wos waiß da Ochs van Sunnta, wenn ear alla Togh Haa frißt.

Neara Ochs arwat wöi a Ochs.

Da Ochs vagißt gearn,
da(ß) ea(r) amal a Kaiwl woar.

Wer koin Ochsn haod, ackard mit Köihan.

Wos woaiß da Ochs van Sunnta
wa(n)s d nan einspannst, zöigt a.

Frißt dar Ochs niad, sua käud aer.

Mou s san, zöigt da Ochs midn Schwanz an Pfloug.

Wöi d *Kouh*, sua s Kalwl.

D Kouh leckt koa fremds Kalwl.

Wos hülfts, wenn d Kouh vül Mülch git,
wenn sie in n Oima tritt.

D Köih gebm niat bloß Mülch, sie machn aa Mist.

Schwarza Köih gebm a weißa Mülch.

Dar Kouh ghöard kan Fedarbedd.

Wenn mar old wird wia a Kouh,
larna mou mar ümar zou.

As is niat allas Budda, wos vo da Kouh kummt.

Wen's gfalld, walzld si m Köidreck.

Wear z bal afs *Pfaa* steigt,[233] kinnt leicht am Hund.

Faala Pfaa zöihn sich af aonmal tout.

A gsattlts Pfaa soll ma reitn.

Junga Pfaa u schäina Måi(d)la wolln globt sa.

s Weiwatsstarbm mecht an Moa(n) niat arm,
owa s Pfaavreckn bringtr nan oan Be(tt)lsteckn.

Haod a *Gal* vöar Föiß, stolpert a denna.[234]

Will s Roß vreckn, find s überall Plotz.

Wer s zin Gal bringd, bringds aa zin Sodl.

Mit an lahma Gal ka'st koi Renna gwinna.

Weibersterbm, koin Vaderbm,
Roßvreckn, graußar Schreckn.

Wenns *Schweinl* soot hout,
kaiherts an Truagh um.

s Schweinl tracht allawaal wieda am Mist zruck.

Misch di unta Kläi, affa (aft) fressn di d Sai.

Wer raucht, der stinkt wöi a Sau,
wer schnupft, dear siaht wöi a Sau,
wer safft, benimmt si wöi a Sau,
u wer neks mecht, läbt wöi a Sau.

An Antn und a Sau nemma s mid koin Foutar gnau.

As mouß niad san, daß d Sau a Halsboand dragt.

Kloina Trög, kloina Schweinla,
graußa Trög, graußa Schweinla.

Da Hund mou ban *Schåufan* bleim.

Oa raidighs Schåuf steckt die ganz Heard oa(n).

Geduldigha Schåuf genga vül in ran Stool.

Wegha da Schaar is an Schåuf d Wol niat gwachsn.

Wou d Schåuf san, is aa da Wolf niat weit.

Haost Bin u Schaof, leg di nidar und schlaof.

Wer s Lamml niat acht, wird um s Muddaschaof bracht.

A Schaof i dar Staudn laßt allamal Haor.

Ma mou an Haml schern, wen ar Wul haod.

Wer sich zan Schaof macht, den fressn d Wölf.

D *Ziegn* san an oarma Leitn sei Köih.[235]

Wenn d Ziegh tout is, waiß ma, wos si wert woar.

Wenn s Wenn niat waar, sa waar d Ziegh aa r a Pfaa.

A Måidl va tausnd Wochan is schlechta
zan hoi(t)n wöi a Herd Ziegn.

Da Ziegnbuack läßt wuhl an Boart, owa niat san Oart.

Wer niad selbar stöhln wüll, stellt si a *Goaß* ei.[236]

Unar Herrgod laßt dar Goaß ihran Schwanz niad
lengar wachsn, als s n braucht.

Alli Biß an andars Labar sagt d Goaß.[237]

Die altn Ziegn leckn aa nuch gern Solz.

An altn Buack wen ma niad siad, nao schmeckt man.

Kloina *Häihna* legn aa Äia.

Ümasüst scharrt koa Henn.

Gunga Köih u alta Häihna san da Wirtschaft
schlechte Däina.

A Henna u a Hahna san gern ba r ananar.

D Måidla, döi pfeifm u d Häihna döi krahn,
dianan sollt ma glei an Krogn ümdrahn.

A nackada Henna legt aa an A.

A blinda Henna find aa amal a Köanl.

Allas ghöit dia, wos d Henna legn, blaouß niat d Oia.

Woi d Henna san, kumma d Gockl va selwa.

Desmal ho a mi taischt, haout da Gockl gsagt
und is va da Antn oara.

Wou da *Hund* wacht, mogh da Herr schlåufm.

Ban Raimaknatschn lerna d Hund s Leda fressn. (Riemen)

D Herrn u d Hund lau(ß)n d Tür offm.

Hund waou reat beilln, döi beißn niat.

An wöidinga Hund weicht a Foudar Haa aas.

Kinnar ud Hund macha gern a Ri (Umweg).

A Hund u a Gud (Jude) macht n Weg dreimal.

Wos braucht da Hund Wadl, kon sua bessa laffm.

D *Katzn* u d Weiwa schnurrn gearn.

Wenn d Katz mausn gäiht, maunkert se niat.

Wenn d Katz a(s)n Haus is, springa d Mais üwern Tisch.

Asta mäihara ma d Katz streichlt,
asta häicha hebt se an Schwanz.

Ba Katzn u alta Weiwern pakt s Gieft niat oa.

Mid n Speek macht ma r alle Katz zam.

Is d Katz asn Haus, haut d Maus Randewa.

A Katz dai niad stild is s Mausn niad gwillt.

Wer an Katznan traut, haod a feste Haud.

Wou *Taubm* san, flöign Taubm zou.

Wenn da Vuagl üwern Froß is, pfeift ear niat.

An altn Vuagl is schwaar pfeifm lerna.

Mit laarn Händn is schwaar Vüagl fanga.

Da Vuagl soll vuar da Houchzat niat häicha singa,
als ear nouch da Houchzat pfeifm koa(n).

A Dabm wart niad bis s Kurn aafgaid.

A flöichate Kraouha find möiha als wöi a hockate.

Vugl friß oda stiab.

Oi Kraouha hakt da anan d Augn niat as.

Öitza göihts aafwats haout da Spatz gsagt,
wöi d Katz mit ihn öwa d Bunschtöich affe is.[238]

WEAR NIAT DENGLT

Solls am Huaf gout gäih, sa låu d Grenzstoi(n) stäih.

Acht af Dei(n)s, owa lau jeden sei(n)s.

s Haus valöist neks, wuhl owa d Leit.

Da Huaf in d rechtn Händ, des is s besta Testament.

Gi(b) an Feldern, wos d koa(n)st, u nimm nan wos nan z nehma is.

Baur gi, Baur schaff, sagt da Fürst, Soldad und Pfaff.

Wer s Oa zin Fenstar aßiwirft, brauchts niat mair aafhiabm.

Wer d Augn niat aafmacht, mou an Beidl aafdou(n).

Wos zan Huaf g'höiat, soll ban Huaf bleibm.

A Baur, der niad ackard, und a Henna,
dai niad gackerd, bleibt niad lang am Huaf.

DA HERRGOTT

Wenn oin da Herrgott af da oin Seitn wos nimt,
sa steckt as af da an(d)ern wieda zou.

Ban Herrgott håut jedara Schuldna sein Zohltogh.

Da Herrgott mechts scho, daß' weitagäiht.

s Lebm gi(b)t da Herrgott no af Burgh.

Ban Herrgott aalts niat.

Una Herrgod – laßt se niat in d Kat'n schaua,
dea mischt, hebt o und git selwa.

Für jeds Hörnl gibt Gott san Körnl.

Da Herrgod läßt da Ziegn an Schwanz niat z lang wachsn.

An Herrgod ko ma niat entlaffa.

Da Herrgod schickt alls za seina Zeit.

Unrecht und Recht

Wear neks oa(n)stöllt, braucht koin Richter.

Es is nuch koina hoimkumma, dear niat fuartganga is.

s Schlechst is des, wos sich da Mensch selwa mecht.

s wiard Togh, wenn aa da Hana niat kraht.

s Galgnhulz is' teiarst, as kost s Lebm.

Umma afs Beste hoffm, s Schlechte kummt va selwa.

Wer niat furt göiht, kummt niat hoim.

Wenn wos schäis in Spöigl eischaut,
schaut aa wos schöis aua.

As henkt niat hunnat Gauha af oi Seitn.[239]

Wear lang houst, lebt lang

s Glück is a blinda Kouh u laft allawal am Ochsn zou.

Lustigh glebt u söligh gsturbm,
hoißt ma an Teifl d Rechning vaduar(b)m.

Wear niat olt wearn wüll, mou sich gungaweis aafhänga.

Am Güngsten Togh geltn d Schuldn genau sua vül wöi s bara G(ö)ld.

Geghan Toud is koa Grasl gwachsn.

Mia mou Godd füa alias dankn, a füa a gscheide Schelln.

Grod reat gschiaht mein Voda, wenn ma d Händ dafroisn, warum kaft a mia koi Hanscha.

Wer lang Krautbröi hintern Uafar ißt,
werd an alds Mandla.

Wenn ma heirad und wenn ma stirbt,
mou mas moist von si riadn laoa.

Viel z bal wiast old, do viel d spöid gscheid.

Dem Volk aufs Maul geschaut
Beispiele der Sammlung von Franz Xaver Schönwerth aus Neuenhammer, Amberg, Eschenbach und Vilseck

A Stubm ane Kinnar is wäi an Orgl ane Pfeiffn.[240]

An äidani Moudar haod a schäins Kind.

D' Orbat laoßt niad woartn.

Wer kan Kreuz haod, haod kan Freud.

In da Naud lernt ma seini Freund kenna.

Wer zin Bedlsock geburn is, bringt's zu kan Rantzn.[241]

Der Geizi darhungard mitn Stückl Braud in Mal.

Kannt ar's hobm, fráß dar Geizi di oign Zunga.

Zeit bald alias, när d' Aiwigkeit niad.

Nix is umasünst as da Daod und der kost 's Lebm.

Midn Daud haod dar Oarsch Feiraobnd.

Wem dar Daud geigt, der braucht niad lang dantzn.

Bessar z'daud drunka als z'daud gmáht,
därf ma niad so oft wetzn.

Arzberger Redensarten

Daou schauts as!

Dös kiint wöi gwunschn!

Dös pressiert niat, dös is ja niat ins Wasser gricht.

Du bist doch niat va daou![242]

Daou is 's A wieda gscheida wöi d Henn!

Deam wire schaa zoign, woi ma mit da Gaas ackerd![243]

Dou brengst äijara asaran Taoutn 'n Furz,
wöi as deam a Wort.

Ausschaua wöi die teia Zeit.

Kaspa, Melcha, Baltsa, hupfta niat, saou schnalzta.

Deam blöiht nix Gouts!

Gouts Böierl, söiß,
löiwa nix oan d'Föiß.[244]

Der is bekannt wöi sauas Böia.

Daou haousta a schäina Suppm aabrockt!

Daou kint die Bröih teira wöi die Fisch.

Öitza kräigst daa Fett!

Gäiht scha, sagt d Bettscheißa, wenns kracht.

Daou is ma d Gaul durchganga.

Dös is ghupft wöi gsprunga.

Was ma niat in Händnan hot, ko ma niat holtn!

Näar Geduld, mit da Zeit bläiha d Hackstöck.

Des is a Tropfn afaran hoißn Staa.

's Haus valöist nix!

Dea plaougt oin bis aafs Hemm![245]

's Hemm is oin gnäichta wöi d' Huasn.[246]

Wer se koa Maouß Böia za trinkn traut, der traut se aa koina za vadäina!

Daou beißt d' Maus koin Fo(d)n o.

Niat Hund und niat Sau sogn.

Dös gäiht öitzat in oin hi!

Daou is Lachn un Greina in oin Sook.

Tou de niat o![247]

Pfeifed, Pfeifen pfiifo, zäih d Katz die Haut o;
üwan Bugl, üwan Schwanz, bleibt ma Pfeiferl dena ganz.

Däi is niat ganz richti in Kuopf.

Öitza woiß i wos i *tou*, i scheiß in mein *Schouh,*
und wenn d Burchamoista kint, naou soche, 's war da kloi *Bou.*

Der tanzt wäi d Lump oam Stäckn.

Öitza stäihta daou wöi d Ochs vorm neia Stool-Taoua.

Dös Moidl haout n Teifl gsääh.

In d Nout frißt da Teifl Flöing.

Wou nix is, haout d Kaisa s Recht valaourn.

Is dös *waouha*, daaß a *Kraouha* inaram *Jaoua* hinterm *Aoua* a Büscherl *Haoua* wachsn *laoua* ko?

Wöis kint, wirds gnumma!

's wird nix so haß gfressn, wöis kocht wird.

Dös is scha, wöis is.

Do is niat aa Mensch wöi da anda.

Heint löiwa wöi morgn!

Äijara wäi niat!

Und um Nürnberg herum

Dou mechat i a Meisla sei'!

Des zäicht an in Arsch zam!

I hou in Boum zon Beckng gschickt.

Dou Beck, houst an Weck, lou nan net verbrenna, daß man' essn kenna!

Bhäit di Gott, schäina Beieri![248]

Dou is ma blimarant worn.

Der derbebbert si.[249]

Äi i des taou, ehnder gäi i zgrund!

Af da Eisnboh hockt a schwarza Mo, zindt a Feierla o, daß ma fahrn ko.

Und wennst di aafn Kupf stöllst und mit die Föiß wackelst!

Mach ma mein Gaul net schei!

Der steicht wäi da Gicker in Gros!

Däi zwa Pfenni ko i net gratn!

Gout Nacht, schäina Beieri!

Des Feier löit drin wäi a taouter Hund!

Du manst gwiß, ba uns houts Häitla af![250]

Houst recht, aba is Maul moust holtn!

Vurn Essn häng i 's Maul,
nouchn Essn bin i faul.

Däi loußt wieder ir Maul spazierngäih.

Däi richt si zam wäi a Oustabetz.

Renga, Rengatropfm, di Boum däi mou ma klopfm, die Mädla mou ma schona wäi die Ziterona.

Der Trambahnschaffner zum Lausbuben:
Paß aaf, wenn s d nu amol aafspringst, kräigst a Schelln, daß da da Kupf wacklt!

Die Weisheit auf der Gasse
Aus Johann Michael Sailers Sprichwörtersammlung

Ein frommes Weib gewinnt dem Manne das Herz ab.[251]

Ein frommes Weib herrscht über ihren Mann mit lauter Gehorsam.

Ein frommes Weib kann man mit Gold nicht aufwiegen.

Die Hausehre liegt am Weibe.

Das Weib und ein Ofen sollen zu Hause bleiben.[252]

Der Hausfriede kommt von der Hausfrau.

Ein Weib, das gibt, bietet ihre Ehre feil.[253]

Ein Weib, das nimmt, verkauft ihre Ehre.

Der Haussegen besteht in Vier:
in einem gnädigen Gott,
in einem gesunden Leib,
in einem tugendsamen Weib,
in einem seligen Tod.

Auf der Mutter Schoß werden die Kinder groß.

Eltern verachten, ist ein Stück von einem gottlosen Menschen.

Wer Eltern ehret, den ehret Gott wieder.

Wer seine Kinder zärtelt, setzt sie in's leichte Schiff.

Gibt man dem Kinde eines Fingers lang nach, so will's eine Spanne haben.

Wer den Eltern nicht folgt, muß dem Scharfrichter folgen.

Aus kindischen Kindern werden weise Leute.

Hat der Fuchs gestohlen, so stiehlt das Füchslein auch.

Ein rechter Hausvater ist der erste auf, und der letzte nieder.

Zur Haushaltung gehören vier Pfennige:
Ein Notpfennig,
Ein Zehrpfennig,
Ein Ehrenpfennig
und ein Wehrpfennig.

Ein treuer Diener ist ein verborgener Schatz im Hause.

Was man einem treuen Diener gibt, ist alles zu wenig.

Wer richtig zahlt, dem dient man auch hinter dem Rücken.

Ruh' ist der Arbeiter Taglohn.

Wer das Böse nicht straft, ladet es zu Haus.

Allgäu und Schwaben
Ein Abstecher ins Alemannische

Au 'er g'scheite Katz ka amol a Maus vertrinne.[254]

Wenn d' Henne guat hocket, scherret se so lang, bis se schlecht hocket.

Wenn d' Kueh' g'stohle isch, macht ma d' Tür zue.

Wer als Kalb in d' Fremde goht, kommt als Kueh hoim.

Alte Vögel sind schwer rupfe.

Kleine Krotta hand au a Gift.[255]

Ma mueß de Hund mitsamt de Flöh hau.

D' Schuesterweiber und d' Schmiedroß gand barfueß.

A verschütt's Wasser isch numma guet aufheba.

Wenn ma lang um de Stuehl rumgoht, kommt ma z'letzt auf'n z'sitzet.

Hohe Feuerle brennet it lang.

Num mähe isch koi Sünd, aber rum reache.

Wenn d' beattle witt, lob d' Kind im Haus!

A Rüehle goht über a Brüehle.[256]

Bergab schiebet alle Heilige, bergauf koi Teufl.

Wo d' Lieb na'fallt, bleibt se flacke – und wenn's auf am Misthaufe wär.

A bissele dumm isch am End jeder, aber so dumm wie mancher isch doch koiner.

Wer g'lobt weare will, mueß sterbe,
und wer g'schimpft weare will, mueß heire.

Mit Verspreche zamset ma' d' Leut.[257]

Der Himmel isch welleweag blau, wenn au d' Maulwürf blind sind.

Ma sieht it in d' Leut nei, bloß dra' na'.

Dreimol schlecht g'easse isch au g'fastet.

Wer se unter's Grisch mischt, den freasset d' Säu.[258]

Mit 'em Stearbe goht es unterschiedle her:
oine sterbet ganz leicht und andre gand fast drauf derbei.

Mit 'am nähe Acker und 'er weite Schwiegermuetter fahrt ma am beste.

Reacht hätt mancher – aber sage sott er's it.

Besser a Laus auf'm Kraut wie überhaupts koi Fleisch.

Höresage lüegt gern.

Wer alle Weag ebne will, stoßt an allen Dreck.

Leichter hüetescht a Wanne voll Flöh wia a fitzelige Föhl.[259]

Die Alte schwätzet gern vom alte Käs.

's Stearbe, 's Heire und 's Schlittle sott g'schwind gau.

Hinterm Berg sind au Leut.

Lang leabe möcht alls, aber it alt weare.

U'kraut verdirbt it; es tuet allat wieder a Reagele drauf.[260]

Wenn der Dreck Mischt wird, will er gfahre sei'.

's schlechtescht Rad am Karre tuet am wüeschteschte.

Gege a Fueder Mischt isch schwer a'schtinke.

A jeds Häfele find't sei' Deckele.

»Deam hon i's Laufe zeiget«, hot der Jägar gsait, wie er de Hase it troffe hot.

Besser a Rausch wie a Fieber.

»Was ma ums Geld it alles macht!« hot der Bauer in der Menaschrie gsait.

Ma mueß 'as Geld von de Leut nemme, von de Bäum' ka' ma's it schüttle.

Wer lang handlet, kauft it viel.

Weit vom G'schütz macht alte Kriegsleut.

'as Guetsei' isch recht, aber es isch der A'fang vo' der Dummheit.

Inschriften

Bauernpfeife aus Weichselholz:
Solang i pfauch is' gwiß, daß i schmauch.

Ofenkachl 1750:
Hat deine Frau die Schlüsslgwalt,
O armer Mann, Du bist schon zahlt.

Bauernschüssel aus dem 18. Jahrhundert:
Die Geduld ist dem Menschen so nötig
als dem Armen das Geld und dem Narren die Weisheit.

Hochzeitspokal, 18. Jahrhundert:
Halts Enk zsamm.
Es Daurt Nit Lang.

Salzfaßl 1816:
Nöt zvil und nöt zwenk,
dös allweil bedenk.

Fischschüssel 1705:
Solche Fische eß ich gern, aber besser wers,
wenns gebachen wern.

Schnupftabakdose!
Mist auf d'Wies und Mist in d'Nas,
Geld und Gsund bringt dies und das.

Nachttopf:
Laß 's laufen, laß rinnen,
hat Platz alls hier drinnen.

Bettstatt:
Ein weichs Bedt,
Ein jungg Waib,
Eine vole Schütt,
Gott mein Hauss behit.

Ehebett 1571:
All Dein Lebtag bedenkh drey Ding,
So wirstu nicht leichtlich falen:
Von wanen Du her khummen bist,
Vor wen Du stehen wirst und
Wer Dein Seel abwegen tut.

Kleidertruhe 1820:
Ist der Opfl rosenrot,
Steckhet doch ein Wurm darinn.
Ist das Deandl schön und roth,
So ist es falsch vom Sinn.

Weinflasche:
A Schmotzl und a Fotzl
dö han i stetts gern,
denn dös oan schmeckt wiara Krapfl,
dös ander wiara Doderkern.

Bauernschüssel, 18. Jahrhundert:
Apfl und Birn für Mann und Dirn,
für Weib und Kind Gottesgab sind.

Weinfaßl:
A Weibl ohne Mann, o mein!
Is grad so wia's Faßl ohni Wein.

Dose:
Beim Diandle und beim Fisch
das Mittelstück das beste isch.

Kaffeetopf:
Sag niemals leisse, niemals lautt,
Was Dir Dein Weib hat anvertraut.

Brunnenknauf:
Der neue Besen keret wohl,
Bis das er Staubes werde vol.
Der neue Dinst der machts auch so,
Im Anfang ist er frisch und froh.

Hausinschrift:
Hast viel Geld und bist saudumm,
kauf an alts Haus und bau's neu um.

Kaffeetasse:
Wer sein Maul hat in der Gwalt
brennt sich net und wird leicht alt.

Glaspokal:
Der Wein ist stark gerüst,
die Wahrheit stärker ist.

Hausinschrift:
Wias Di benimmst,
wannst zu mir kimmst,
bist mir recht –
oda z' schlecht.

Fayencekrüglein:
Wie gut die alten Bräuche waren,
wird wer sie aufgibt bald erfahren.

Teller 1748:
Der ein Weib nimbt und sie nicht kent,
der bleibt ein Narr biss an sein end.

Apothekerkasten 1738:
So wir hätten einen Glauben
GOTT und die Gerechtigkeit vor Augen,
Ein Elln, Gewicht, Maß und Geldt,
Dan ständt es WOL in dieser Weldt.

Altes Kästchen:
Wozu ist Geld doch gut?
Wer's nit hat, hat nit Mut
Wer's hat, hat Sorglichkeit
Wer's hat gehabt, hat Leid!

Zinnschüssel:
Wer rußig ist, der wasch erst sich
und dann erst wasch er mich.

Wetterregeln
Mundartliche Hinweise

Da Barometer geht nauf und der Regn geht ra.

Weiter gehts net wia auf d' Haut.

Wer gegan Wind speibt, trifft si selber.

A toter Baum fangt viel Wind.

De früha Regn und de früha Bettlleut bleibn net übanacht, aber ihm Tag zwoamal kemmans.

Wenn der Gebirgler aufmacht und der Waidler zua, na regnts am andern Tag no grad gnua![261]

Malt d' Sunna in da Fruah mit an rotn Pemsl,
wascht s' tagsüba d' Farb wieda weg.

Daß si da Neid dafalln kaannt,
müassat's in da Sunnmittn a Eis gebn.

Es hilft koa Zittern für 'n Frost.

Der April treibt sei Gspiel,
da Moa hat aa no allerloa.

Wenn's Wetter so bleibt,
dann is' morgn so wia heit.

Ein Gang durchs Jahr

JÄNNER

Die Neujahrsnacht still und klar,
deutet auf ein gutes Jahr.

Tanzen im Jänner die Mucken,
muß der Bauer nach Futter gucken.

Die Heiligen Drei Könige bauen
eine Brücke oder brechen eine.

Dreikönig ohne Eis, Pankratius weiß.

Bringt der Jänner warmen Regen,
fehlts nachher am Erntesegen.

Fabian und Sebastian
fangt der rechte Winter an.

An Fabian und Sebastian
soll der Saft in die Bäume gahn.

Januar muß krachen,
soll der Frühling lachen.

Jänner rauh – guter Getreidebau.

Donner im Winter, viel Kälte dahinter.

Jänner warm – Gott erbarm.

Wenn Antoni die Luft ist klar,
so gibt es ein trocken Jahr.

Pauli Bekehr, Gans gib dein Ei wieder her.

Ist Pauli Bekehrung hell und klar,
so hofft man auf ein gutes Jahr.

Pauli klar, ein gutes Jahr;
Pauli Regen, schechter Segen.

Sankt Paulus klar, bringt gutes Jahr,
hat er Wind, regnets geschwind.

Watet Vinzenz im Schnee, gibts viel Heu und Klee.

Hat Sankt Vinzenz Sonnenschein,
dann hofft man auf viel Korn und Wein.[262]

Wachst die Frucht im Jänner schon,
kommt der Bauer um sein Lohn.

Heilig-Dreikönig sonnig und still,
der Winter vor Ostern nicht weichen will.

Ist der Jänner voller Wasser,
wird die Ernte immer blasser.

Wachst das Gras im Januar,
wachst es schlecht durchs ganze Jahr.

Wenns im Jänner Regen gibt,
oft um Ostern Schnee noch stiebt.

Im Januar Regen und wenig Schnee,
tut Bäumen, Tälern und Bergen weh.

Januar muß vor Kälte knacken,
wenn die Ernte gut soll sacken.

Feber

Wenn's an Lichtmeß stürmt und schneit,
ist der Sommer nicht mehr weit.

Weiße Lichtmeß – grüne Ostern.

Lichtmeß im Klee – Ostern im Schnee.

Im Hornung Schnee und Eis,
macht den Sommer heiß.

Der Feber muß stürmen und blasen,
soll das Vieh im Lenze grasen.

Sonnt sich die Katz im Februar,
muß sie hintern Ofen im März sogar.

Wenn im Feber die Mücken schwärmen,
muß man im März sich die Ohren wärmen.

Leuchten in der Fastnacht viel Stern,
legen die Hennen gern.

Nach Mattheis geht kein Fuchs mehr übers Eis.

Mattheis bricht 's Eis,
find't er keins, so macht er eins.

Fasten ohne Regen
verkünden ein Jahr mit viel Segen.

Ist's an Lichtmeß licht,
geht der Winter nicht.

Guckt im Februar die Ameise raus,
bleibt der Frühling noch lange aus.

Wenn Sankt Matthias kommt herbei,
legt die Henn das erste Ei.

Lichtmeß trüb,
ist dem Bauern lieb.

Sonnt sich der Dachs in der Lichtmeßwoch,
geht er hernach wieder vier Wochen ins Loch.

Hornung hell und klar,
gibt dem Flachs ein gutes Jahr.

Segnet man die Kerzen im Schnee,
weiht man die Palmen im Klee.

Im Hornung müssen die Stürme fackeln,
daß den Ochsen die Hörner wackeln.

Der Februar hat seine Mucken,
baut von Eis oft feste Brucken.

Wie sich's am Aschermittwoch hält,
die ganze Fastenzeit sich stellt.

Klar Februar, gut Roggenjahr.

Im Februar ist es besser, zwei Fuß tiefen Schnee
auf dem Mist zu sehen, als einen Mann in Hemdsärmeln.

Wie's Matheis und Sankt Peter macht,
so bleibt es noch durch vierzig Nacht.

Sankt Agatha, die Gottesbraut,
macht, daß Schnee und Eis gern taut.

Schnee an Lichtmeß, Regen im Frühjahr.

Wenn's der Hornung gnädig macht,
bringt der Lenz den Frost bei Nacht.

Im Februar muß die Lerch auf die Haid,
mags sein lieb oder leid.

Petri Stuhlfeier kalt,
die Kält noch länger anhalt.

Wenn's im Hornung nicht recht schneit,
schneit es in der Osterzeit.

MÄRZ

Ist an Rupert der Himmel rein,
so wird er's auch im Juni sein.

Sankt Benedikt
macht die Zwiebeln dick.

Märzenschnee und Jungfernpracht,
dauern oft nur über Nacht.

Kunigund macht warm von unt.

Es führt Sankt Gertrud die Kuh zum Kraut,
die Biene zum Flug, den Gaul zum Pflug.

Märzensonne ist geliehene Wonne.

Wenn im März viel Nebel fallen,
im Sommer viel Gewitter schallen.

Schnee, der erst im Märzen weht,
abends kommt und morgens geht.

Ist's am Josephitag schön,
wird ein gutes Jahr man sehn.

Hält Sankt Rupert den Himmel rein,
so wird er's auch im Juli sein.

Märzenstaub bringt Gras und Laub.

Soviel Nebel im März,
soviel Regen im Sommer.

Soviel Fröste im März,
soviel im Mai.

Schneit es in den Starkbierkrug,
kommt vom Winter noch genug.

Wenn's donnert um Kunigund und Zyprian,
mußt oft den Handschuh noch ziehen an.

März packt den Pflug beim Sterz.

Weht am Gregoriustag der Wind,
noch vierzig Tage windig sind.

Ist's im Lätare sehr feucht,
bleibt der Ackerboden leicht.

Märzenschnee tut den Früchten weh.

Märzenwinde, Aprilregen
verheißen im Mai großen Segen.

Märznebel bringt keine Not,
aber Aprilnebel nimmt Wein und Brot.

Früher Vogelsang macht den Winter lang.

Gertraud – den Garten baut.

April

Bringt der April noch Schnee und Frost
gibt's wenig Heu und sauren Most.

Karfreitagsregen ist Gottes Segen.

Nasser April
verspricht der Früchte viel.

Kommt Sankt Georg auf dem Schimmel,
kommt ein gutes Jahr vom Himmel.

Leg erst nach Markus Bohnen,
es wird sich sicher lohnen.

Ist der April sehr trocken,
geht der Sommer nicht auf Socken.

Quaken die Frösche im April,
noch Schnee und Kälte kommen will.

Aprilwetter und Weibertreu, das ist immer einerlei.

Wenn's unserm Herrgott ins Grab regnet, vergibt das ganze Jahr kein Regen nit.

Tiburtius kommt mit Sang und Schall,
er bringt den Kuckuck und die Nachtigall.

Am Tage Sankt Tiburtius
der Kuckuck rufen muß.

Ist Sankt Görgen vorbei,
so geht die Wiese ins Heu.

Nasser April ist des Bauern Will.

Armer Georg, reicher Jakob.

Es ist kein April so gut,
es graupelt den Bauern auf den Hut.

Der April ist jederzeit launisch
wie die Weiberleut,
wenn er aber freundlich wär,
büßt' der Mensch es hinterher.

Sankt Georg und Sankt Marks,
drehen noch viel Args.

Gefriert's auf Sankt Vital,
gefriert's noch fünfzehnmal.

Auf nassen April folgt ein trockener Juni.

Aprilregen, großer Segen.

Heller Mondschein in der Aprilnacht
schadet leicht der Blütenpracht.

Wenn's den Buben auf die Palmbesen schneit,
so regnet's den Jungfrauen an Fronleichnam auf die Kränze.

Wenn der April Spektakel macht,
gibt's Heu und Korn in voller Pracht.

April windig und trocken
läßt das Wachstum stocken.

MAI

Pankrazi, Servazi, Bonifazi
sind drei grimmige Bazi,
und zum Schluß fehlt nie
die kalte Sophie.

Pankratius und Servatius
bringen oft Kälte und Verdruß.

Vor Nachtfrost bist du sicher nicht,
bis daß herein Servatius bricht.

Die erste Liebe und der Mai
gehn selten ohne Frost vorbei.

Der Florian noch einen Schneehut setzen kann.

Wenn es an Bitt-Tagen regnet,
dann wird die Ernte gesegnet.

Steckst den Kartoffel im April,
kommt er, wann er will,
steckst ihn im Mai,
kommt er glei.

Weibergunst und Maienblühn
ist uns bloß auf Zins geliehn.

Maientau macht grüne Au.

Maikäferjahr – gutes Jahr.

Gott tu uns trösten
vor Maienfrösten.

Auf Stanislaus rollen die Kartoffel naus.

Steht im Mai der Wind aus Süden,
ist uns bald Regen beschieden.

Wenn im Mai die Wachteln schlagen,
läuten sie von Regentagen.

Das Wetter an Sankt Urban
zeigt des Herbstes Wetter an.

Abendtau und kühl im Mai,
bringt viel Wein und Heu.

Nasse Pfingsten – fette Weihnachten.

Wenn im Mai die Bienen schwärmen,
kann der Bauer vor Freude lärmen.

Ist der Mai recht heiß und trocken,
kriegt der Bauer kleine Brocken;
ist er aber feucht und kühl,
dann gibt's Frucht und Futter viel.

Mairegen auf die Saaten,
dann regnet's Dukaten.

Singt die Grasmücke, ehe der Weinstock sproßt,
so verkündigt sie ein gutes Jahr.

Gibt's im Mai der Nebel viel,
fehlt's an Äpfel und Birnen zum Spiel.

Juni

Juni feucht und warm,
macht keinen Bauern arm.

Fliegen die Fledermäus abends umher,
kommt bald das schönste Wetter her.

Regen am Johannitag,
gibt viel Körner in den Sack.

Vor Johanni bitt' um Regen,
hernach kommt er ungelegen.

Regnet's am Johannitag,
so regnet es noch vierzehn Tag.

Wenn bis Johanni kein Regen fällt,
ist's um den Weinstock wohl bestellt.

Wenn der Kuckuck nach Johanni schreit,
ruft er Mißwuchs und teure Zeit.

Vor Johannitag die Gerste man nicht loben mag.

Schön zu Sankt Paul,
füllt Stadel und Maul.

Sankt Paulus klar,
gutes Jahr.

Peter und Paul klar,
bringt ein gutes Jahr.

Menschensinn und Juniwind
ändern sich oft sehr geschwind.

Wenn der Brachmond kühl und trocken,
gibt's was in die Milch zu brocken.

Regen am Trinitatistag,
sieben Wochen es regnen mag.

Wenn kalt und naß der Juni war,
verdirbt er meist das ganze Jahr.

Ist Siebenschläfer ein Regentag,
regnet's noch sieben Wochen nach.

O heiliger Veit, o regne nicht,
daß es uns nicht an Gerst' gebricht.

Nach Sankt Veit
wandelt sich die Zeit.

Der Medardus ist ein nasser,
hält so schlecht das Wasser.

Medard bringt keinen Frost mehr,
der dem Weinstock gefährlich wär.

Brachmond naß, leert Scheunen und Faß.

Wer auf Benno baut,
kriegt viel Flachs und Kraut.

Wenn im Juni Nordwind weht,
das Korn zur Reife trefflich steht.

JULI

Juliregen nimmt Erntesegen.

Muß im Juli man nicht schwitzen,
tut die Jahresplag nichts nützen.

Kilian, der heilige Mann,
stellt die ersten Schnitter an.

Was der Juli nicht kocht,
kann der September nicht braten.

Hundstage hell und klar,
sind Boten für ein gutes Jahr.

Jakobi klar und rein,
wird's Christfest kalt und frostig sein.

Es ist selten ein Sommer ohne Hagel
und ein Kopf ohne Nagel.

Hat Margret keinen Sonnenschein,
kommt's Heu nicht trocken rein.

Margaretenregen
wird erst nach Monatsfrist sich legen.

Margareta Regengüss'
verderben für das Jahr die Nüss'.

Die erste Birn' bringt Margareth,
darauf überall die Ernt' angeht.

Gegen Margarethen und Jakoben
die stärksten Gewitter toben.

Jakobitag ohne Regen denkt auf strengen Winter.

Wenn auf Annatag die Ameisen aufwerfen,
soll ein harter Winter kommen.

Von Sankt Ann'
gehen die kühlen Morgen an.

Wie die Marie fortgegangen,
wird Magdalena sie empfangen.

Wer nicht geht mit dem Rechen,
wenn Fliegen und Bremsen stechen,
muß im Winter gehen mit dem Strohseil
und fragen: Hat einer Heu feil?

Maria Heimsuchung wird's bestellt,
wie 's Wetter vierzig Tag sich hält.

An Sankt Kilian
säe Wicken und Rüben an.

Wenn die Mutter Gottes im Regen übers Gebirg geht,
muß sie im Regen wieder zurück.

Wie die Hundstage anfangen, so gehen sie aus.

Wenn im Juli stets wechselt Regen und Sonnenschein,
so wird im nächsten Jahr die Ernte reichlich sein.

Regnet's an unserer Frauen Tage,
gibt's vierzig Tage Regenplage.

Wenn die Spinnen große Netze hängen,
geht's Wetter in die Längen.

Wenn's im Juli donnert und blitzt,
wenn im Juli der Schnitter nicht schwitzt,
der Juli dem Bauern nichts nützt.

AUGUST

Ist der August im Anfang heiß,
wird der Winter streng und weiß.
Stellen sich Gewitter ein,
wird's bis Ende auch so sein.

Wenn der Kuckuck im August noch schreit,
gibt's im Winter teure Zeit.

Regen an Maria Schnee
tut den Kornähren viel weh.

Der Tau ist dem August so not
als jedermann sein täglich Brot.

Der Bartlmann hängt dem Hopfen Dolden an.

Wenn die Schwalben im August schon ziehen,
sie vor früher Kälte fliehen.

Wenn recht viel Goldkäfer laufen,
braucht der Wirt den Wein nicht taufen.

Ist's Petrus bis Laurentius heiß,
bleibt der Winter lange weiß.

Regnet's am Sankt-Laurenzi-Tag,
gibt es große Mäuseplag.

Wenn Sankt Rochus trübe schaut,
kommt die Raupe in das Kraut.

Bleiben die Störche nach Barthlmä,
tut der nächste Winter weh.

Um die Zeit von Augustin
ziehn die warmen Tag dahin.

Nach Laurenzi wachst das Holz nicht mehr.

Mariä Himmelfahrt Sonnenschein,
bringt meist viel guten Wein.

Was die Hundstage (23. *Juli* – 23. *August)* gießen,
muß die Traube büßen.

Wenn's am Tag Johanni Enthauptung regnet,
verderben die Nüsse.

Der Laurenzi salzt's *(das Obst)*
der Barthlmä schmalzt's,
der Michl tut's runter.

Gewitter, die nach Bartholomäi kommen,
werden nicht heftig.

Wenn die Haselnüsse geraten,
dann gibt es meist auch Eicheln.

Ist's hell um den Laurentiustag,
viel Frucht man sich versprechen mag.
Jedoch schlechten Wein gibt's heuer,
wenn Sankt Lorenz ohne Feuer.

Regen an Sankt Bartholomä
tut den Trauben weh.

Gibt's im August keine Garben,
wird man im Herbst und Winter darben.

SEPTEMBER

Septemberdonner prophezeit
vielen Schnee zur Weihnachtszeit.

Am Septemberregen
ist dem Bauern viel gelegen.

Mariä Geburt
fliegen die Schwalben furt.

Viel Eicheln im September,
viel Schnee im Dezember.

An Maria Namen
sagt der Sommer Amen.

Wenn im September viel Spinnen kriechen,
sie einen harten Winter riechen.

Fallt dir der Apfel reif ins Maul,
dann beiß zu und sei nicht faul.

Einer Traub' und einer Geiß
wird's im September nie zu heiß.

Septemberwetter warm und klar,
verheißt ein gutes nächstes Jahr.

Willst du Korn im Überfluß,
sä' es an Egidius.

Wie's Matthäus treibt,
es vier Wochen bleibt.

Bringt Sankt Michaeli Regen,
kannst du gleich den Pelz anlegen.

Sankt Mang
schlagt's Kraut mit der Stang.

Im Sommer viele Fliegen
gibt im Herbst viele Rüben.

Was der August nicht kocht,
wird der September nicht braten.

Wieviel Fröste vor Wenzeslaus fallen,
soviel werden nach Jakobi folgen.

Soviel Reif und Schnee vor Michaeli,
soviel nach Walpurgis.

Wie Ägidius sich verhält,
ist der ganze Herbst bestellt.

Auf nassen Michaelitag
nasser Herbst folgen mag.

Donnert der Michel,
hat viel Arbeit die Sichel.

Michael mit Nord und Ost
kündet scharfen Winterfrost.

Oktober

Bringt der Oktober schon Schnee und Eis,
ist's schwerlich im Jänner kalt und weiß.

Wenn's Sankt Severin gefällt,
bringt er mit die erste Kält.

Ist im Oktober das Wetter hell,
bringt es her den Winter schnell.

Schneit's im Oktober gleich,
dann wird der Winter weich.

Auf Sankt Gall'
bleibt die Kuh im Stall.

Simon und Judä
hängen an die Stauden Schnee.

Hat der Oktober viel Regen gebracht,
so hat er auch die Gottesäcker bedacht.

Oktoberhimmel voller Stern,
hat die warmen Öfen gern.

An Ursula muß das Kraut herein,
sonst schneien Simon und Juda drein.

Oktobergewitter sind Leichenbitter.

Am Tag von Crispin sind die Fliegen hin.

Hält der Oktober das Laub,
wirbelt zu Weihnachten Staub.

Viel Eicheln und Bucheckern zeigen einen strengen Winter an.

Simon und Judä ist kein Wind und Regen da,
bringt ihn erst Cäcilia.

Simon und Judas
fegt das Laub in die Gass'.

Viele Nebel im Herbst
deuten auf einen schneereichen Winter.

Um Sankt Gallustag
muß jeder Apfel in den Sack.

Ist Sankt Gallus naß,
ist's für den Wein kein Spaß.
Ist Sankt Gallen trocken,
so folgt kein Sommer mit nassen Socken.

Wenn Simon und Judas vorbei,
rückt der Winter herbei.

Ist Oktober warm und fein,
kommt ein scharfer Winter hinterdrein.
Ist er aber naß und kühl,
mild der Winter werden will.

Wenn rauh und dick des Hasen Fell,
dann schaufle Holz und Kohlen schnell.

Am Wolfgang-Segen ist viel gelegen.

November

Hängt das Laub bis November hinein,
wird der Winter ein langer sein.

Wolken am Martinitag,
der Winter unbeständig werden mag.

Der Andreas-Schnee tut dem Korne weh.

So wie der Tag ist zu Kathrein,
so wird der nächste Jänner sein.

Korbinian fangt das Frieren an.

Sperrt der Winter früh das Haus,
hält er sicher nicht lang aus.

Novemberschnee tut der Saat nicht weh.

Im November viel Naß,
auf der Wiese viel Gras.

An Martini Sonnenschein,
tritt ein kalter Winter ein.

Um Sankt Martinus dunkel,
zur Weihnacht Sterngefunkel.

Bei der Ernte aller Seelen
wirst auch du einmal nicht fehlen.

Ist der Span trucken,
wird ein warmer Winter anrucken;
aber ist er naß genommen,
wird ein kalter Winter kommen.

Wer will haben,
muß jetzt graben.

Donnert's im November,
so soll's ein fruchtbares nächstes Jahr bedeuten.

Wenn's Laub nicht vor Martini fällt,
kommt eine große Winterkält'.

Ist es um Martini trocken und kalt,
so ist ein gelinder Winter zu hoffen.

Ist das Brustbein der Martinsgans weiß,
so wird der Winter streng.

Wenn um Martini die Gänse auf'm Eis stehn,
müssen sie zu Weihnachten im Dreck gehn.

Drei Tage nach Martini fängt der Wolfsmonat an.

Mariä Opferung klar und hell,
gibt's im Winter Wolfsgebell.

Wenn die Bäume zweimal blühn,
wird sich der Winter bis zum Mai hinziehn.

Haben die Hasen ein dickes Fell,
wird der Winter ein harter Gesell.

Ist zu Allerheiligen der Buchenspan trocken,
müssen wir im Winter hinterm Ofen hocken.

Dezember

Ist Dezember mit viel Regen,
bringt's nächste Jahr kein Segen.

Dezember kalt mit Schnee,
gibt Frucht auf jeder Höh.

Geht Barbara im Grünen,
kommt's Christkind im Schnee.

Regnet's an Sankt Nikolaus,
wird der Winter streng und graus.

Wenn's nicht vorwintert, so wintert's nicht nach.

Nässe schadet der Saat mehr vor als nach Weihnachten.

Wenn zu Luzia die Gans geht im Dreck,
so geht sie am Christtag auf Eis.

Sitzt die Krähe zur Weihnacht im Schnee,
sitzt sie Ostern dafür im Klee.

Grüner Christtag, Ostern weiß,
der Regen vernichtet allen Fleiß.

Weihnachten naß,
leer bleiben Speicher und Faß.

Grünen am Christtag Feld und Wiesen,
wird sie zu Ostern Frost verschließen.

Hängt zu Weihnachten Eis an den Weiden,
kannst du zu Ostern Palmen schneiden.

Wie es Adam und Eva spend't,
bleibt das Wetter bis zum End.

Schneit's an Unschuldige-Kindeln,
fährt der Jänner in die Schindeln.

Dezember ohne Schnee,
tut erst im Märzen weh.

Die Erde muß ihr Bettuch haben,
soll sie der Winterschlummer laben.

Viel Regen, wenig Schnee,
tut Äckern und Bäumen weh.

Ein warmer Silvester, ist nicht unser Bester.

Erklärungen

1. Das Wort »Not« wird (wie Brot, Kot, Tod) im Bairischen mit einem Mischvokal – ou – gesprochen. In manchen Rückzugsgebieten nähert sich die Aussprache (wie sie uns Stelzhamer festhielt) einem ao. »Das is d'Frau Naot, 'n Menschen wia's Broat und 'n Körndl 's Kaot – so bschaffn und gwiß wia da Taod.« Nicht nur, weil dieser Vokal in der heutigen Mundart allmählich zu einem glatten o verflacht, sondern auch um der breiten Verständlichkeit des Buchtitels willen wurde hier die Schreibung »Not« gewählt. Um Pardon wird gebeten.
2. Rate einmal.
3. August Schichtl, Schausteller auf dem Oktoberfest in München, dessen »Enthauptung einer lebenden Person« von seinen Nachfolgern immer noch gezeigt wird. Schichtls Leib- und Magenspruch ging in den Wortschatz der Münchner über.
4. Die Sache wird schon ins Rechte gebracht.
5. Gemeint ist »ein anderer Geist«, vom griechischen »Pneuma« für Atem, Wind, Geist.
6. Man soll nicht so neugierig sein. Die Redensart kommt angeblich daher, daß es früher auf den städtischen Märkten (besonders in Wien) zweierlei Butten, solche zum Verrichten der Notdurft und solche von Winzern mit Weinbeeren getragene, gegeben hat.
7. Ein Mensch, mit dem nicht gut Gemeinschaft zu halten ist.
8. Ich habe einen vergeblichen Gang getan.
9. Wenn einer den andern beschuldigt, und keiner besser als der andere ist.
10. Siehe 5.
11. Der hat mir's zu bunt gemacht.
12. Man sagt es zu einem, den man aus dem Haus weist.
13. Vergleich mit der Austreibung der Händler aus dem Tempel.
14. Da muß man alles abwägen.
15. Da kommt das Unwesentliche teurer als die Hauptsache.
16. Da mag ich keinen Vergleich ziehen.
17. Eine verzwickte Angelegenheit!
18. Es dauert noch eine lange Zeit. Vergleiche: »Da fließt noch viel Wasser die Isar hinunter, die Donau hinunter.«
19. Ein ungewöhnliches Vorkommnis!
20. Siehe 19.
21. Wird von einem Aufschneider gesagt.
22. Ein deformiertes Gesicht ist gemeint.
23. Bei dem helfen kein Rat und keine Worte.
24. Bei diesem Menschen ist jeder Rat und Zuspruch umsonst.
25. Einem richtig die Meinung sagen.
26. Der hat ein Unglück gehabt.
27. Einer, der alles auffindet.

28 Dem bringe ich schon noch die richtige Meinung bei.
29 Auf die Hörner. Ein Mensch, der angefeindet und angegriffen wird.
30 Das ändert an der Sache auch nicht mehr viel.
31 Das ist immer das Gleiche.
32 Das kann nicht zu weit weg sein, das muß sich finden lassen.
33 Ein sehr entferntes Verwandtschaftsverhältnis.
34 Dieser Mensch ist überflüssig.
35 Soll die Anspruchslosigkeit des hier als ländlich gedachten Bayern bezeichnen.
36 Ein unruhige, lebhafte Person.
37 Die Schreibung des hellen a als á ist eine bei den meisten Mundartschriftstellern gebräuchliche.
38 Mit der Gabel aufnehmen.
39 Ein äußerst langer, dürrer Mensch, den man nach einem alten Bauerngerät bezeichnet.
40 Ein zorniger junger Mensch.
41 Ein Falsch- oder Leichtgläubiger war gemeint.
42 Ein Mensch mit merkwürdigen Eigenheiten. Ein Sonderling.
43 Einer, der anderen viel Mühe und Plage macht.
44 Ein geschwätziger Mensch.
45 Von der spanischen Hofmode zur Zeit Kurfürst Maximilians I. Vergleiche »Spanische Stiefel« und »Spanische Reiter« (erstere ein Modeartikel, letztere Hindernisse für feindliche Bodentruppen). Laut Schmeller: »Spanische Garde, Spottname der 1847 der Münchner Gendarmerie zuteil wurde, da sie bei den Unruhen vom 1. und 2. März zum Schutze der spanischen Tänzerin Lola Montez in Tätigkeit gesetzt war.« Laut Max Mayr rührt das Wort aus der Zeit her, als spanische Herrscher deutsche Kaiser waren und in Wien ihren Sitz hatten.
46 Die Sache kommt in die breite Öffentlichkeit.
47 Man soll kein voreiliges Urteil fällen, wenn man einer Sache nicht sicher ist.
48 Der hat sich eine böse Angelegenheit geschaffen.
49 Er muß die Sache auskosten.
50 Die genannte Währung deutet auf das hohe Alter dieser schlechten Bewertung eines Menschen hin.
51 Uneingeladen.
52 Ein parteiischer Richter.
53 So feist.
54 Weil er ein so langsamer, träger Mensch ist.
55 Ein guter Lapp.
56 Einer, der immer ein todernstes Gesicht aufsetzt.
57 Ein Unbeholfener.
58 Er hat sich getäuscht, ist auf Widerstand gestoßen.
59 »Reita« oder »Reida«: Getreidesieb. Ein unsteter, aufgeregter Mensch.
60 Ein unbeständiger Mensch.
61 Ein schwerfälliger Mensch.
62 Der hat eine falsche Ansicht oder Auffassung.
63 Einer, der bei jedermann Liebkind sein möchte.
64 Ein Erfahrener, der alle Schliche kennt.
65 Ein Mensch, der alles verstehen und wissen will.
66 Den könnte ich gern vermissen.
67 Er wurde in eine schlimme Sache hineingezogen.

⁶⁸ Der kommt noch um seinen ganzen Besitz.
⁶⁹ Der hat sich eine heikle Angelegenheit »eingebrockt«.
⁷⁰ Der wird bald das Vertrauen der Menschen verloren haben.
⁷¹ Der ist nicht mehr lang auf diesem Platz.
⁷² Ein Mensch, der sich in allen Dingen schwer tut.
⁷³ Von einem, der es immer eilig hat.
⁷⁴ Von einem, der es mit der Wahrheit nicht genau nimmt.
⁷⁵ Von einem Glücksbegünstigten.
⁷⁶ Warnung vor versteckter Feindschaft.
⁷⁷ Wird von einem Grobian gesagt.
⁷⁸ Der hat schon seine Erfahrungen gemacht.
⁷⁹ Von einem minderwertigen Menschen.
⁸⁰ Der weiß von allem Bescheid, wie die Bodenforscher.
⁸¹ Der muß schon wieder Geld leihen, Geld holen.
⁸² Mit diesem Menschen muß man rechnen!
⁸³ Ein geschwätziger Mensch, dem nicht viel Beachtung zu schenken ist.
⁸⁴ Ein leichtsinniger, unbekümmerter Mensch.
⁸⁵ Ein Vielredner.
⁸⁶ Truthahn.
⁸⁷ Von einem Überspannten, der nicht weiß, wie er gehen muß.
⁸⁸ Ein mürrischer Mensch, der so unfreundlich dreinschaut wie neun Tage Regenwetter.
⁸⁹ Ein Mensch ohne festen Charakter, der jedem Einfluß und jeder Meinung zugänglich ist.
⁹⁰ Er schimpft wie ein Spatz im Seeschilf, der bei Gefahr ein lautes Geschrei erhebt.
⁹¹ Die Dohle gilt als verstohlener Vogel.
⁹² Die Schwerarbeiter haben einen guten Appetit.
⁹³ Die Bürstenbinder waren als starke Trinker bekannt.
⁹⁴ Ein ratloser, unbeholfener Mensch.
⁹⁵ Vermutlich waren die Stabstrompeter ehedem schlecht besoldet.
⁹⁶ Er hat einen unsicheren Gang.
⁹⁷ Er bringt alles durcheinander.
⁹⁸ Ein gedankenloser Mensch.
⁹⁹ Einer, der leicht und oberflächlich lebt.
¹⁰⁰ Einer, der sich nicht gern überanstrengt.
¹⁰¹ Der Tag Johanni Baptistae gilt als längster Tag im Jahr.
¹⁰² Die Neuhauser Straße war bis ins frühe neunzehnte Jahrhundert eine der längsten Straßen Münchens.
¹⁰³ Die Stange, an der auf dem Bauernhof der Zuber mit Futter in den Stall getragen wurde. Die Zuberstange, die gewöhnlich hinter der Haustür im Eck lehnte, wurde vom Hund gefürchtet und mit scheuen Augen wahrgenommen. Offenbar hatte er sie schon einmal zu spüren bekommen.
¹⁰⁴ »Toud vo Öding«, gemeint ist der sensenschwingende Knochenmann auf der hohen Standuhr in der Stiftskirche von Altötting. »Geschäftsreisender« ist der alte Ausdruck für »Vertreter«. Verwendet für schlechtes Aussehen.
¹⁰⁵ »Roaga« = Reiher. Dem ist speiübel.
¹⁰⁶ Ein finsterer, feindseliger Mensch.
¹⁰⁷ Für einen unruhigen, unsteten Zeitgenossen.

108 Zipf: Hühnerkrankheit.
109 Von einem Weiberleut, das in die Breite geht, dick wird. Heukürbn = großer Buckelkorb für das Heu.
110 Brentn = das größte Gefäß auf dem Bauernhof, riesig, weit, aus Holz, zum Anmischen des Tranks. Wenn eine »daherkimmt wiara Brentn«, muß ihre Figur schon ganz gehörig »aus dem Leim« gegangen sein.
111 Bibagöckl oder Bipgöckl = Truthähne; gemeint sind streitsüchtige Menschen.
112 Dort herrscht ein reger Verkehr.
113 Siehe 112
114 Ein deformiertes Gesicht.
115 Ein unschmeichelhaftes Wort für Ohren. Die roggenen Küchl wurden besonders breit gezogen.
116 Kleine Kälber machen wehmütige Augen, wenn sie von der Kälberkuh genommen und allein aufgestellt werden. Sie lassen das Maul hängen. »Der Foz« ist immer wertneutral gemeint, »die Fotzen« immer verächtlich.
117 Das alte Handwerk der Haftlmacher (Haken und Ösen, Zuackn und Haftl) erforderte große Genauigkeit. »Und 's Háftl und d'Háftlin, de ham se z'kriagt, weil si allmal da Zuckng ban Eiháftln biagt; 's Háftl woa(n)t, dawei's moa't, es muaß gar a'brecha, d'Háftlin lacht aber und soat: Is net schad um secha!« (Stelzhamer)
118 Gemeint ist der sensenschwingende Boandlkramer auf der Standuhr in der Stiftskirche von Altötting.
119 So geräumig.
120 Sehr weit.
121 Sehr dick.
122 Zielt auf das Treiben den Dienstboten.
123 Beide sind fast immer hungrig.
124 Man kann es nicht allen Menschen recht machen oder ihnen zu gleicher Zeit dienen.
125 Das hintere Heuseil am Heuwagen ist noch einmal so lang wie das vordere.
126 Vergleiche die Aussagen des Mühlhiasl und des Stormberger.
127 Der Ritt auf dem »Messerrücken« der Geiß tut weh. Sinn: Ein Unglück kommt selten allein.
128 Eine alte Gewohnheit ist schwer wieder abzulegen.
129 Gemeint ist das Warten auf die Übergabe oder die Erbschaft.
130 Wer keine schnellen Entschlüsse fassen kann, bleibt im Nachteil.
131 Dinge, über die man schilt, müssen oft in Kauf genommen werden.
132 Nicht immer entsprechen die Taten den gefallenen Worten.
133 Solang man etwas unternimmt, soll man es nicht verreden.
134 Traue keinem Menschen zu viel.
135 Im menschlichen Leben gibt es gute und schlechte Zeiten.
136 Vor lauter Kundenaufträgen kommt ein Handwerker kaum zur Arbeit im eigenen Haus; das Roß des Schmieds bleibt ohne Hufeisen, das Weib des Schusters ohne Schuhe.
137 Kümmere dich nicht um kleine Sachen, es kommen oft noch größere.
138 Gaach = schnell.
139 Was einen nichts angeht, um das braucht man sich nicht zu kümmern.
140 Die Menschen müssen sich im alltäglichen Leben durchkämpfen.
141 Was nicht selbst erzeugt, sondern gekauft ist, geht schnell dahin.

142 Es ist das saftigste Fleisch und das kräftigste Futter.
143 Viele Verwandte, viele Unannehmlichkeiten.
144 Wenn einer von unguter Abstammung ist.
145 Wenn sich am Morgen Gewitter oder Bettelleute einstellen, kommen sie meistens öfter am Tag.
146 Wenig planen.
147 Wo es etwas zu holen gibt, kommen immer Menschen hin.
148 Wie sich die Menschen ihr Leben gestalten, so haben sie es.
149 Von einer Meisterin im Stimmungswechsel.
150 Eine Hoffärtige.
151 Schöne Mütter – schöne Kinder.
152 In die Augen springende sekundäre Geschlechtsmerkmale des Weibes.
153 Kathl – Klatschweib.
154 Lous (andernorts Loas): Mutterschwein. Unberechtigter Stolz.
155 Zielt auf vorzeitig Schwangere.
156 Alimente.
157 Man soll sich nicht zu früh versprechen. Ausdruck aus dem Kegelspiel.
158 So sagt ein Bursch, wenn ihm eine Dirn, die er nicht leiden kann, als Eheweib angeraten wird.
159 So sagt eine Dirn, wenn sie des Burschen eindeutige Absage erfährt.
160 Heiraten ist kein Tauschgeschäft
161 Woaz = Weizen. Wenn sie älter ist als er.
162 Alte Witwer machen oft die größten Torheiten.
163 Mundartlich richtiger: verlierst.
164 Hauskonflikte soll man »auf Zimmerlautstärke einstellen«.
165 Für dünne Beine.
166 Münchnerisch für ein geschmacklos aufgeputztes Mädchen.
167 Von einem Saumseligen.
168 Ein Mensch, der allzutief trauert, vergißt bald wieder.
169 Das Roß ist 11 Monate trächtig, die Maus 1 Monat, macht zusammen ein Jahr.
170 Wie Hafer das Roß, kräftigt Schmalz den Mann.
171 Bekanntlich erkennt man das Alter des Pferdes an seinen Zähnen. Ein Geschenk prüft man nicht auf seinen Wert.
172 Mageres Mädchen.
173 Wenn einem Menschen zu wohl ist, macht er gern eine Dummheit.
174 Die hohen Persönlichkeiten tun einander nicht weh.
175 Wenn es bei einem mit der Kraft nicht ganz hinreicht.
176 Falsches Wegmaß.
177 An diesem einen Beispiel wird gezeigt, daß es dieselben Sprichwörter und Redensarten in vielen regionalen, oft nur geringfügig voneinander abweichenden Varianten gibt.
178 »Wer für án Rádlbock geborn is, kimmt nia zo án Roß, dáß á reitn kunnt« (Hans Schatzdorfer: 's Dráhbröttlgspiel).
179 Es ist besser, schlecht zu fahren, als stolz zu gehen.
180 Ein schlecht genährter, hungriger Mensch kann nichts leisten.
181 Wer nichts hat, dem kann man nichts nehmen.
182 Wo nichts ist, ist leicht Ordnung halten.
183 Jede Arbeit muß gewohnt sein.
184 Ein Mensch muß auf seinen Leib und seine Gesundheit achten.

185 Gemeint ist die Zwiebel.
186 Man soll allein das Unmögliche verreden.
187 Ein Mensch, der nur immer »meint«, ist nicht viel besser als ein Lügner.
188 Das Gesetz ist biegsam; von verschiedenen Seiten auslegbar.
189 Die Leute bringen einander oft selbst vor Gericht.
190 Ein großer Gegensatz zwischen zwei Menschen.
191 Zweifelhaftes Herkommen.
192 Von einem »Knallprotz«.
193 Er will eine Versöhnung herbeiführen.
194 So lang.
195 So scharf.
196 Ein sehr magerer Mensch.
197 Der längste Tag im Jahr.
198 Der Sinn: Es gibt nix, was' net gibt (und wärs das Haxnabbeißen).
199 Zu einem Grobian gesagt.
200 Wie du mir, so ich dir!
201 Man muß sich viel merken!
202 Der Ferscht, der Fert, der vom vorigen Jahr. Der vordere (vörder)? Der Fürst? Klar bei Schönwerth: Oin Noarr macht ziani und dar airst is dar graißt. (Oberviechtach.)
203 Der ist so dumm, daß er sich an Weihnachten auf einen Kirschbaum hinauffoppen läßt, um Kirschen zu ernten.
204 Wenn einer sich vom Heuboden aus bemerkbar machen will, indem er da droben, noch dazu barfuß!, »boußt«, das ist aufstampft, und meint, man hört ihn, dann muß er schon unerlaubt dumm sein!
205 Der Handochs ist, im Gegensatz zum »Leitochsen«, der Dümmere. Und der Apostrophierte soll *noch* dümmer als der Handochs sein!
206 Ein dummer Mensch ist meist noch stolz auf seine Dummheit.
207 Menschen mit gleicher Ansicht und Einstellung finden zusammen.
208 In der Not muß man auch mit dem Geringsten vorlieb nehmen.
209 Ein klassischer Spruch aus dem früheren Landleben! Das alte Roß ist gemeint, das schon lang in den Strängen gegangen ist und den schweren, langsamen Zug hat. Bei den Jungen, die zu jäh anrissen, sind meistens die Wagscheiteln gesprungen.
210 Ein schlimmer Husten.
211 Bezieht sich wieder auf den Knochenmann in der Altöttinger Stiftskirche.
212 Der wird nicht mehr lang leben.
213 Bei dem geht es mit dem Leben bald zu Ende.
214 Ein Ausdruck nach der letzten Lebenszeit der Haustiere.
215 ... so sagte der gemeine Münchner, wenn er die Sterbgelocke hörte.
216 Ein Ausdruck, den der Verfasser 1962 in einem kleinen Wirtshaus an der Münchner Türkenstraße aus dem Mund eines Handwerkers hörte, der dort vor seinem Bierkrügl saß und in der Runde vom unverhofften Tod eines Freundes erzählte. Er ist in den damals entstandenen Roman »Apollonius oder Unterhaltungen mit dem Tod« eingegangen.
217 Viele der in die Kapitel »Redensarten« bis »vom Sterben und vom Tod« eingereihten Sprichwörter sind, wie im ganzen bairischen, insbesondere mittelbairischen, Raum, auch in Wien bekannt. Die meisten der hier angeführten Redensarten sind also nicht ausschließlich wienerisch.

218 Von einem leicht aufbrausenden Menschen.
219 Übles nachreden, sich abfällig über jemanden äußern.
220 Richtiger: *Über* den Zähnen. Angehörige des weiblichen Geschlechts, deren Oberlippe von einem Bartanflug »geziert« ist, gelten als schwer zu behandeln.
221 Wenn bei den Turnieren ein Kämpfer stürzte, wurde über ihn die Stange gehalten, um ihn vor weiteren Unbilden zu schützen.
222 Noch nicht auf der Welt.
223 ff – entweder fortissimo oder von feinen Waren gemeint, die als ff hervorgehoben werden.
224 Franz Stelzhamer, der Ahnherr bairischer Mundartlyrik, versieht (wie nach ihm viele andere, etwa Karl Winter) das helle á (in Diminutiven wie Fáßl, Mádl) mit einem accent d'aigu.
225 Stiefmutter.
226 Vergleiche 209.
227 Man muß die Gelegenheit nutzen.
228 Eile mit Weile.
229 Nur mit der Ruhe.
230 Toten soll man nichts Übles nachreden. Hier darf eines verbürgten Ausspruchs auf der Dorfleich gedacht werden:
»Dees war a Christ, der hat
nia
neamd
nirgad
nix
Unrechts net to!«
231 Aussprachen schaffen Klarheit
232 soot – satt
233 Egerländisch und Arzbergisch: Pfaa = Pferd
234 Oberpfälzisch: Gal (Gaul) oder Roß = Pferd
235 Egerländisch: Ziege
236 Oberpfälzisch: Geiß
237 Labar: Laub
238 Bodenstiege
239 Gauha, Jauha = Jahre. (Wer das Schlagwort vom »Vierten Stamm« Bayerns aufgebracht hat, war nicht richtig informiert. Die Egerländer sind baierischen Stammes. Gut wird das aus der vergleichenden Gegenüberstellung egerländischer und oberpfälzischer Spruchbeispiele von Seff Heil deutlich, der der Verfasser verpflichtet ist; siehe Literaturverzeichnis.)
240 Schönwerths schwierige Orthographie wurde an ganz wenigen Stellen vereinfacht.
241 Siehe 178.
242 Das glaubst du doch selber nicht!
243 Gaas = Goiß, Geiß
244 Wird in bierseliger Laune gesungen.
245 Hemm = Hemd
246 Das Hemd ist einem näher als die Hose.
247 Mach dir keine Sorgen.
248 Jetzt wird's recht!
249 Der regt sich furchtbar auf.

250 Du glaubst, wir können uns alles leisten. Eine wahre Musterkollektion nordbairischer gestürzter Diphtonge erlauschte der Verfasser aus dem Mund von Fitzgerald Kusz bei einer Lesung aus dem in landnürnbergischer Mundart geschriebenen Stück »Schweig Bub (Bou)«: Bou (Bua), Bäir (Bier), Kouchn (Kuacha), me-ißast sagn (miaßast sagn), ma mou (ma mua[ß]), Bouch (Buach), Bäicher (Büacher), Roum (Ruam), Bräif (Briaf) ... Man versteht eine Mitteilung von Johann Nepomuk Ringseis, Konrad Grübels Gedichte in Nürnberger Mundart (1835) seien in der ganzen Oberpfalz als oberpfälzische Gedichte gelesen worden. Konrad Grübel:

Der Käfer

Dou sitz i, siech an Köfer zou,
Tout in der Erdn kroichn;
Öitz kröicht er af a Grösla naf,
Dou tout si's Grösla böign;
Er git si ober alli Möih
Und rafft si wieder af,
Und halt si an den Grösla oh,
Will wieder kröichn naf...

251 Sailer, Bischof von Regensburg, übersetzte die von ihm erlauschten Gassenweisheiten ins Schriftdeutsche.
252 Siehe Kapitel »In der Stub'n«.
253 Keine Geschenke!
254 vertrinne = entkommen.
255 Krotta = Kröten.
256 Rüehle = ein bißchen Ruhe.
257 zamse = herbeilocken.
258 Grisch = Kleie. Vergleiche Egerland, Oberpfalz: Misch di unter Kläi .. .
259 Föhl = Mädchen, vergleiche Schmeller: Vöhin, weiblicher Fuchs, Fol, Füllen
260 Reagele = kleiner Regen: Bei den alemannischen Sprüchen fallen immer wieder Überschneidungen und Ähnlichkeiten mit den baierischen auf. Die Gründe seien hier nicht untersucht.
261 Im Süden Föhn, im Norden Wolken; ein Beobachtung, die für das nördliche Oberbayern und das südliche Niederbayern zutrifft.
262 Es gab und gibt Weinbaugebiete nicht nur im südlichen Tirol und seit Römertagen von Regensburg bis Klosterneuburg an der Donau, sondern bis zum 16. Jahrhundert auch in weiten Teilen Ober- und Niederbayerns, wovon Aventin spricht, und worauf die vielen Wein-Flurnamen heute noch verweisen.

Benützte und weiterführende Literatur

Arzberger Wörterböichl, mit vielen Beispielen versehen und erläutert, wie man in dieser Gegend des alten baierischen Nordgaus redet und plaudert, Arzberg 1970/71
Haider, Friedrich: Immerwährender Tiroler Kalender, Rosenheim, 1974
Haller, Reinhard: Aufzwickt, Volkshumor in Niederbayern, Grafenau 1984
Haller, Reinhard: Waldlersprüch, Grafenau 1981
Häring, Georg: »Söizogn, strangkitzli und stoigrante«, Straubing 1980
Heil, Seff: Ländliche Spruchweisheiten (Egerland, Oberpfalz) in: Festschrift zur 30-Jahr-Feier der Egerländer Gmoi, Sulzbach-Rosenberg 1981
Hörmann, Ludwig von: Volkstümliche Sprichwörter und Redensarten aus den Alpenlanden, Stuttgart und Berlin 1913
Hofmann, Josef: Egerländer Histörchen, Karlsbad 1888
 – Lausa Dinga, Karlsbad 1892
 – Miar riadn üachalandrisch, Karlsbad 1922
 – Köichla u Räihapüazel, Karlsbad 1923
Kerler, Richard: Weiß-blaue Weltanschauungen, Rosenheim 1974
Lippl, Alois Johannes: Ein Sprichwort im Mund wiegt hundert Pfund, München 1958
Lutz, Joseph Maria: Bayerisch, was nicht im Wörterbuch steht, Frankfurt 1969
Maas, Herbert: Wou di Hasn Hosn un di Hosn Husn haßn. Ein Nürnberger Wörterbuch, Nürnberg 1962 und 1965
Mayer, Thomas: Baierische Sprichwörter mit Erklärungen, 2 Bde., München 1812
Mayr, Max: Wiener Redensarten, Zürich, Leipzig, Wien 1929
Merkur-Kalender, München 1969, 1971, 1972
Pfeiffer, Georg: Anregungen zu einer Sammlung bayerischer Sprichwörter, in: Bayerische Lehrerzeitung, Landshut 1867
Queri, Georg: Kraftbayerisch, München 1912 und 1970
Reimmichls Volkskalender, 1980, 1983
Röhrich, Roland: Das Schönwerth-Lesebuch, Regensburg 1981
Sailer, Johann Michael: Weisheit auf der Gasse, Augsburg 1810
Salzburger Bauernkalender, Salzburg 1971, 1983
Scheffel, Fritz: Der gepfefferte Spruchbeutel. Alte deutsche Spruchweisheiten, gesammelt von F.S. mit Bildern von Paul Neu, Erfurt 1941
Schmeller, Johann Andreas: Bayerisches Wörterbuch, Sammlung von Wörtern und Ausdrücken, Stuttgart und Tübingen 1827, 1828, 1836, 1837
Schmidkunz, Walter: Waschechte Weisheiten, Erfurt 1936
Schmidkunz, Walter: Nahrhafte Sprüche, Münchner Lesebogen, 1941
Schönwerth, Franz Xaver: Oberpfälzisches Heimatbuch, Kallmünz 1950
Stemplinger, Eduard: Immerwährender Baierischer Kalender, Rosenheim 1873
Weitnauer, Alfred: Allgäuer Sprüche, Kempten 1958
Winter, Karl: Wia(r uns da Schnöbl gwöchsn is, Reutlingen 1975
Voment, Josef: Das weißblaue Maul, Seebruck 1949
Zerlik, Otto: Erlebtes und Erprobtes, Karlsbad 1966

Dank

wird geschuldet
für Mitteilungen, Anregungen und die Möglichkeit zur Einsichtnahme
in ungedruckte oder in Zeitungen verstreute Sammlungen:
Willi Birkmaier, Rott am Inn
Paul Fraunberger, Landshut, früher Burgharting
Remigius Geiser, Unterschleißheim/Salzburg
Günter Holzgartner, Erding
Franz Josef Käßl, Grafing
Kiem Pauli, Wildbad Kreuth
Georg Penker, Schlehdorf
Alfons Pfanzelt, Unterstrogn
Hans Roth, München
Josef Sauer, Gräfelfing
Jakob Scherzl, Kleinhündlbach
Helmut Sedlmeier, Erding
Hans-Horst Skupy, Weßling
Ludwig Wagner, München
Josef Westermaier, Gigling

WOLFGANG JOHANNES BEKH
IN DER EDITION MONACENSIA

Alois Irlmaier
Der Brunnenbauer von Freilassing
164 S., Paperback
ISBN 3-86520-128-8

1894 wurde in Oberscharam ein Mann geboren, der zu einem der bekanntesten deutschen Hellseher des 20. Jahrhunderts werden sollte: Alois Irlmaier. Seinen Lebensweg, seine Fähigkeiten und sein Wirken verfolgt diese Biographie. Der Autor hat Details aus dem Leben des Wünschelrutengängers und Hellsehers zu einem Buch zusammengetragen. In Interviews mit Fachleuten, Angehörigen Irlmaiers und Zeitgenossen des Sehers hat er das Leben dieses ungewöhnlichen Menschen und seine Vorhersagen erforscht.

Mühlhiasl
Der Seher des Bayerischen Waldes
208 S., Paperback
ISBN 3-86520-127-X

Das bis heute ungelöste Rätsel des Waldpropheten wird in diesem bestürzenden Buch des »Bestseller-Autors« Wolfgang Johannes Bekh dargestellt. Bekh läßt uns in seinen spannenden Exkursionen an der Welt und Zeit des Mühlhiasl teilnehmen und schildert farbig die Schauplätze. Sicher braucht man heute kein Hellseher mehr zu sein, um mit Unbehagen in die Zukunft zu blicken. Die Art und Weise, wie uns der Mühlhiasl das nahe Ende ankündigt, macht gleichwohl betroffen. Als Quintessenz bleibt uns Lesern des 21. Jahrhunderts die bange Frage: Hat uns die Zukunft schon erreicht?